Mario Junkes

Sagen und Legenden aus Berlin

Impressum

Mario Junkes
Sagen und Legenden aus Berlin

1. Auflage 2024

Verlagsleitung: Sven Nieder

Lektorat: Bruno Hof
Korrektorat: Tim Becker

Titelbild: iStock.com/MarioGuti
Illustration: iStock.com/VeraPetruk
Gestaltung Umschlag: Björn Pollmeyer
Innensatz: Kerstin Fiebig

Hergestellt in der Europäischen Union, Finidr, CZ

MIX
Papier aus verantwortungsvollen Quellen
FSC® C014138

ISBN 978-3-95540-390-4 (print)
ISBN 978-3-95540-517-5 (e-Book)

www.regionalia-verlag.de

Mario Junkes

Sagen & Legenden aus Berlin

REGIONALIA
VERLAG

Inhalt

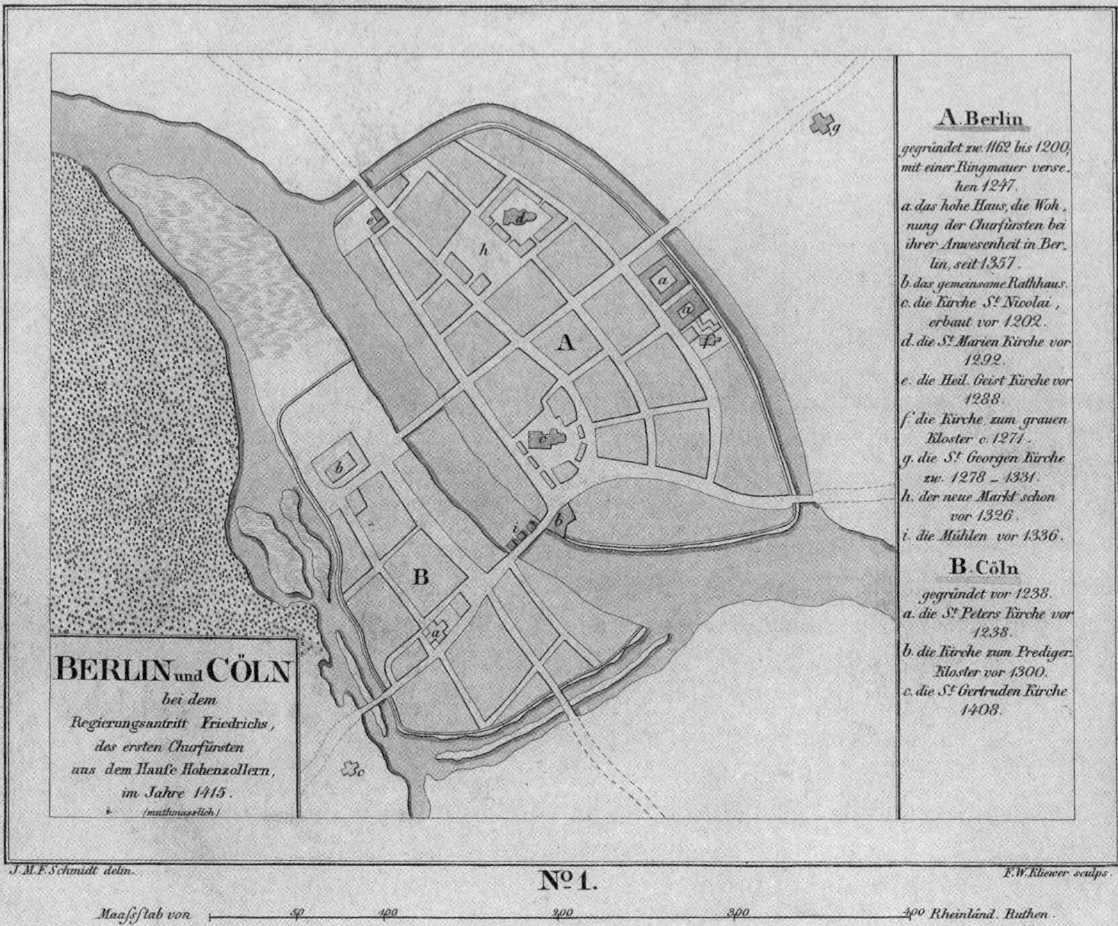

Berlin und Cöln bei dem Regierungsantritt Friedrichs, des ersten Churfürsten aus dem Hause Hohenzollern, im Jahre 1415. [wikimedia · gemeinfrei]

»Berlin, Berlin, wir fahren nach Berlin!«

Liebe lesende Menschen,

willkommen zu einer weiteren Reise durch die große Welt deutscher Sagen und Legenden. Für Ihren Autor geht der lange gehegte Traum in Erfüllung, über *die* Stadt Deutschlands schreiben zu dürfen. Endlich ist es soweit. In Berlin ist eine Handvoll Erde mehr wert als in vielen anderen Städten ganze Straßenzüge.

»Ort in einem sumpfigen Gelände«. Das war die altpolabische Bezeichnung für Birlin; auch die Schreibweise Berlin wurde verwendet. Ungewöhnlich ist, im Gegensatz zu den meisten deutschen Großstädten, dass Berlin erst vergleichsweise spät im Jahre 1237 erstmals urkundlich erwähnt wird – und dann auch noch unter dem Namen Kölln (auch: Cölln). Doch schon sieben Jahre später findet sich die erste Erwähnung des Namens Berlin; und neuere Ausgrabungen belegen zudem, dass sich bereits im 12. Jahrhundert eine permanente Besiedlung nachweisen lässt.

Schon im Jahre 1280 war die Bedeutung Berlins derart gewachsen, dass der erste märkische Landtag auf dem Siedlungsgebiet stattfand. Die politische Bedeutung wuchs gleichsam mit der Bedeutung für die Kultur und vor allem für den Handel. Wie lässt sich Letzteres nachweisen? Durch das Steueraufkommen – denn über derart brennend wichtige Dinge wird hierzulande schon immer genauestens Buch geführt.

Die Pest setzte Berlin arg zu, auch der Dreißigjährige Krieg hinterließ die Spuren seines Schreckens. Der in Kölln (auch: Cölln, Cölln an der Spree) geborene Herzog Friedrich Wilhelm von Brandenburg legte mit zwei Errungenschaften den Grundstein für eine Blüte Berlins:

Er stellte sich trotz deutlicher Gebietsverluste nicht gegen den Westfälischen Frieden von 1648 und seine Toleranz war verantwortlich für das Edikt von Potsdam, dass 20.000 Hugenotten nach Brandenburg-Preußen brachte und für einen kulturellen Aufschwung sorgte. Rund drei Jahrhunderte später würden andere Berliner für das jeweilige Gegenteil verantwortlich sein und eine grausame Abwanderung von Talent und Geschick verursachen, unter dem Stadt und Land noch heute leiden. Herzog Friedrich Wilhelms Nachfolger Friedrich I. krönte sich im Jahre 1701 zum König von

Preußen und Berlin wurde erstmals Reichshauptstadt. Am 17. Januar 1709 wurden die Städte Berlin, Kölln, Friedrichswerder, Dorotheenstadt und Friedrichstadt zusammengelegt und der Aufstieg Berlins zu einem nicht mehr wegzudenkenden globalen Zentrum von Kultur, Geschichte, Wirtschaft, Handel und Politik war gesichert.

~~~

In Berlin vergammelt mehr Talent auf der Straße, als in anderen Städten auf den Bühnen steht. Am 03. September 2020 erlag der Schauspieler Birol Ünel einem Krebsleiden, nachdem er die letzten Jahre teilweise obdachlos gewesen war. Ünel wurde bekannt durch »Gegen die Wand», doch dem Autor ist er in bester Erinnerung als Koch Shayn Weiss in »Soul Kitchen«.

Birol Ünel konnte in einer einzigen Szene alleine mit seinem Gesicht mehr erzählen als viele Autoren mit einem ganzen Buch. Wir können seine wahre Größe nur schätzen und sie in den viel zu wenigen Filmen ansehen, in denen er sich hinterlassen hat.

»Es wird verkauft, was nicht verkauft werden kann.«

Eyvallah.

~~~

Ihr Autor hat Ende der 1980er Jahre eine Zeit lang in Berlin gelebt. Direkt am Kotti. Seine damalige Jugend hat verhindert, die Kultur der Stadt in vollen Zügen zu geniessen – was dann während eines weiteren Aufenthalts 2001 nachgeholt wurde.

In Berlin ereignet sich an einem Tag mehr, als in vielen Orten in einem ganzen Jahr.

Die Geschichte Berlins wurde von der besten Autorin aller Zeiten geschrieben: Realität, Gegebenheit, Wirklichkeit. Auch die nun folgenden Sagen und Legenden stammen aus ihrer Feder, so gut wie möglich von den fehlbaren Händen eines Menschen wiedergegeben.

›Nu aba ran an de Buletten!‹

Schön, dass Sie da sind. Bleiben Sie gesund.

Trier, im November 2022
Ihr Mario Junkes

I.

Die Sage von der Gründung Berlins

Der einheimische Verleger und Schriftsteller Alexander Cosmar ließ bereits im 19. Jahrhundert vernehmen, es gebe in Berlin eigentlich nur zwei Sagen: die der drei Linden und die der Weißen Frau im Schloss. Was man sich in seiner Stadt sonst noch erzähle, seien in der Tat wahre Geschichten und tatsächliche historische Begebenheiten, welche die Zeit mit den hier lebenden Menschen verwoben habe.

Seine Waffe war das Wort

Die Legende von Albrecht dem Bären

Man schrieb das 12. Jahrhundert. Fürst Albrecht I. von Brandenburg, der Herrscher aus dem Haus der Askanier, befand sich mit seinem Gefolge bei der Jagd in der heimischen Mark. In seinem Jagdeifer muss er wohl einer Fährte nachgesetzt und dabei plötzlich den Kontakt zu seinen Leuten verloren haben. Der dichte Wald in dem unbekannten Gebiet machte die Suche nicht einfacher und auch bis zum Einbruch der Dunkelheit sollte Fürst Albrecht seine Orientierung noch immer nicht wiedergewonnen haben.

Mit einem Mal gewahrte er jedoch ein Licht durch die Bäume. Vorsichtig näherte er sich. Es war die Burg des Wendenfürsten Istralowe. Obwohl Istralowe derzeit mit Albrecht verfeindet war, erwies er dem Widersacher trotzdem die Gunst eines Nachtlagers. Dem Wenden bedeutete das heilige Gastrecht mehr als eine vergängliche Feindschaft. Fürst Albrecht erhielt Speise und Trank.

Später setzte sich der Hausherr sogar zu dem Askanier an den Tisch und man kam ins Gespräch. So sprachen die beiden Männer über ihr Tagesgeschäft, über das Herrschen, sie unterhielten sich über ihre Welt, über Religion und über Gott. Dabei stellte sich heraus, dass der Wendenfürst Istralowe den slawischen Kriegs- und Stammesgott Triglaw (auch: Triglav, Triglaf) den Dreiköpfigen verehrte.

Fürst Albrecht hatte in Sachen Diplomatie schon öfter eine geschickte Hand bewiesen und sollte es in dieser Nacht tatsächlich schaffen, dass Fürst Istralowe nicht nur seinem alten Gott Triglaw abschwören, sondern sich zu Jesus Christus bekennen und zudem ein Gefolgsmann Albrechts werden würde.

Jahrelang hatte Fürst Albrecht von Brandenburg immer wieder mit den Slawen gerungen, oft in für beide Seiten verlustreichen Kämpfen. Alle Anstrengungen hatten jedoch nur zu geringen Eroberungen für Albrecht geführt – und nun hatte er in einer einzigen Nacht, ohne auch nur seine Hand zu erheben, ein ganzes Fürstentum erobert!

In seiner Freude beschloss Fürst Albrecht, diese Gegend, die ihm diesen großen Erfolg beschieden hatte, mit einer Stadt in seinem Namen zu ehren. Er wählte dazu die größere der beiden aus dem Sumpfgelände ragenden Spreeinseln und nannte sie gemäß seinem Beinamen: Baerlin.

Adelbert I. von Brandenburg wurde um 1100 in Stendal geboren und tatsächlich Albrecht der Bär genannt. Er stammte aus dem Haus Askanien, war Graf von Ballenstedt und Orlamünde, Markgraf der Lausitz, Markgraf der Nordmark, Herzog von Sachsen und der erste Markgraf in Brandenburg. Er zählte zu den bedeutendsten deutschen Fürsten seiner Zeit und gilt als Begründer der Mark Brandenburg und des Fürstentums Anhalt.

Fürst Albrecht trug in der Tat entscheidend zur Osterweiterung des deutschen Gebiets bei, nahm an zahlreichen Kriegszügen im Reichsdienst teil und es war sein Verdienst, dass die Nordmark als Mark Brandenburg zum Heiligen Römischen Reich kam.

Adelbert I. von Brandenburg starb am 18. November 1170. Das Denkmal von Albrecht dem Bären steht auf der Zitadelle im Berliner Bezirk Spandau.

Der Christmann von Köpenick
Die Schildhornsage

Die Schildhornsage (auch: Schildhorn-Legende) bietet einen vergleichbaren Inhalt zur Legende Albrechts des Bären: Fürst Adalbert I, Gründung der Mark Brandenburg, Bekehrung eines Heiden zum Christentum – nur hat der Gegner hier einen anderen Namen.

Im Jahre 1157 begegnete Slawenfürst Jaxa von Köpenick in der Nähe des heutigen Berlins seinem Feind Albrecht dem Bären. Der war mit seinem Gefolge auf dem fremden Gebiet unterwegs und hatte den Slawen und seine Mannen vermutlich überrascht. Die Heranrückenden waren in der Überzahl und so suchte Jaxa von Köpenick sein Heil im eiligen Abmarsch durch die Havel.

Doch der fliehende Fürst hatte sich offenbar verkalkuliert. Sei es, dass die Havel mehr Wasser führte oder dass er sich die falsche Furt ausgesucht hatte, Fürst Jaxa war plötzlich dem Ertrinken nahe. In seiner Not hatte er zunächst wohl seinen Gott angerufen, doch dieser konnte ihm nicht helfen. Dem Tode ins Angesicht starrend, rief der Slawe den bisher verhassten Christengott an – und schaffte es offenbar, lebend aus der Havel zu entkommen.

Aus Dankbarkeit für seine Rettung habe Slawenfürst Jaxa von Köpenick seinen Schild und sein Horn an einen Baum gehängt und sich von diesem Tage an zum Christentum bekannt. Die Landzunge, auf die er sich gerettet habe, hieße seit dieser Zeit: das Schildhorn.

Diese in der Vergangenheit wie üblich zunächst vielfach mündlich überlieferte Volkssage soll während dieser Zeit zahlreiche Veränderungen durchlebt haben. So soll sie in den ersten

Versionen erstaunlicherweise weder Jaxa noch die Bekehrung enthalten haben – und nicht einmal am Schildhorn stattgefunden haben. Diese Inhalte sollen angeblich erst im 19. Jahrhundert nach und nach Eingang in die Darstellung gefunden haben.

Sicher ist jedoch: Die erste schriftliche Erwähnung der Halbinsel unter dem Namen Schildhorn findet sich im Spandauer Erbregister des Jahres 1590: »[...] wo ein Garnzug der Havelfischer 'der Schildhorn' heißt.« Woher der Name selbst stammt, ob er zum Beispiel auf eine alte slawische Gewässerbezeichnung zurückgeht, ist vermutlich für immer an die Zeit verloren.

Riesen, Bären, ein sanftes Jungfernkissen – und so vieles mehr

Berliner Wahrzeichen

Der Altphilologe, Sagensammler und Schriftsteller Wilhelm Schwartz wurde am 4. September 1821 in Berlin geboren. Er studierte Philologie und promovierte im Jahre 1843 als 22-jähriger (!) mit einer Abhandlung zur Mythologie.

Schwartz hatte mit seinem Schwager, dem Indogermanisten und Mythologen Adalbert Kuhn, bereits im Jahre 1839 begonnen, Sagen, Märchen, Gebräuche und Aberglauben in der Mark Brandenburg und Norddeutschland zu sammeln. Erste Veröffentlichungen hierzu erfolgten kurze Zeit später.

Sein 1871 von Hertz in Berlin veröffentlichter Band »Sagen und alte Geschichten der Mark Brandenburg« erlebte mindestens acht Auflagen, was auf eine enorme Popularität schließen lässt. Das Publikum heutzutage muss Schwartz' wissenschaftlicher Neugierde vertrauen und hoffen, dass er in der Tat ein eifriger Sagensammler war, der auch die weniger verbreiteten Exponate auf Glaubwürdigkeit untersucht und in seine Werke aufgenommen hat.

Sicher ist jedoch, dass Wilhelm Schwartz – im Gegensatz zu anderen seines Fachs – vor allem im erwähnten Band eine weitgehend schnörkellose Darstellung bevorzugte und den Inhalt der Sagen für sich sprechen ließ, ohne zu sehr mit literarischem Salz nachzuwürzen.

Diese Authentizität (lies: dieses »dem Volke aufs Maul schauen«) ist der Hauptgrund, weshalb sich Ihr ergebener Autor für Schwartz' Schreibe so begeistern kann. Was er macht, hat Hand und Fuß und Herz und Hirn. Deshalb folgt das anschließende Kapitel weitgehend unverändert und hauptsächlich an die moderne Rechtschreibung angepasst.

Lassen Sie sich von einem waschechten Berliner in seine Stadt entführen und tauchen Sie mit ihm in eine Vergangenheit ein, die er Ihnen ans Herz legen möchte – und welche niemals wiederkehren wird.

Früher, als die Stadt noch klein war, wusste man in Berlin noch viele Geschichten aus alten Zeiten zu erzählen. Jetzt aber, wo so viele Tausende von außerhalb hereingezogen sind, da ist alles anders geworden und die wenigsten wissen noch, was »die Rippe am Molkenmarkt« zu bedeuten hat, was es mit dem »Jungfernkissen« für eine Bewandtnis hatte oder warum an der Statue des Großen Kurfürsten vorne ein Kind vor dem Kurfürsten auf dem Pferd sitzt.

An dem Haus an der Ecke des Molkenmarktes und der Bollengasse, der Polizei gegenüber, da hängen nämlich ein paar gewaltige Knochen. Diese sollen das Schulterblatt und die Rippe eines Riesen sein, deshalb nannte man auch das Haus schlechtweg die Rippe. Dieser Riese soll aber, heißt es, von einem Erdwurm – so nannten die Riesen in ihrem Übermut die Menschen – erschlagen worden sein. Er sei aber so groß gewesen, dass sein Leib nicht auf einem Kirchhof Platz hatte – daher musste man ihn denn zerstückeln und auf allen Kirchhöfen Berlins begraben.

~~~

In der Nähe des Molkenmarktes, dem Rathause zu, soll überhaupt ehemals die wahre Bärengrube, sagt man immer, gewesen sein, wo sich die Bären aufgehalten haben, und daher ist es auch gekommen, dass Berlin einen Bären im Wappen führt.

~~~

Das Jungfernkissen aber war, wie es heißt, im Schloss in dem kleinen Turm, welcher an der Spree liegt, den man wegen der grünen Farbe seines spitzen Kupferdachs von alters her den »grünen Hut« nennt. Da soll nämlich zu der alten Kurfürsten Zeiten das heimliche Gericht gewesen sein.

Es war nämlich eine Jungfrau ganz von Eisen, deren Arme waren Schwerter und am ganzen Leibe links und rechts waren auch solche angebracht. Der zum Tode Verurteilte musste nun auf eine steinerne Platte dicht vor sie hintreten, dann schlossen sich durch ein Räderwerk die Arme und die Schwerter umfingen den Unglücklichen und zerschnitten ihn.

Der zerhackte Leichnam fiel dann durch eine Vorrichtung hinab in die Tiefe und gelangte so in die Spree. Von dem, der dorthin kam, sagte man, er müsse die Jungfer »küssen« und so nannte man das Ganze das »Jungfernküssen«.

Schwartz benutzt beide Bezeichnungen je zwei Male: »Jungfernkissen« und »Jungfernküssen«. Strafvollzug im 19. Jahrhundert. Immerhin freuten sich die Fische in der Spree über die regelmäßigen Mahlzeiten »Panzerknacker-Mett« und »Carpaccio Berlinese«.

~~~

Mit dem Kind, das an der Statue des Großen Kurfürsten vorne vor demselben auf dem Pferde sitzt, hat es folgende Bewandtnis:

Als der Große Kurfürst regierte, war ein gewaltiger Religionskrieg, in dem das Morden kein Ende hatte, sodass selbst oft die Kinder in der Wiege nicht verschont wurden. Nun kam der Große Kurfürst einmal durch ein brennendes, von seinen Bewohnern verlassenes Dorf und fand in einem Haus ein Kind in einer Wiege. Es lachte ihn so freundlich an, da hat er es aus Mitleid aufgenommen, vor sich aufs Pferd gesetzt und befohlen, dass man aufhören solle mit Morden. Daher stammt jenes Wahrzeichen.

Einige meinen, das sei nicht im Dreißigjährigen Kriege, sondern am Tage der Fehrbelliner Schlacht gewesen. Da habe der Kurfürst in einem, von den Leuten verlassenen Dorf, durch das er gekommen, das Kind weinend vor einer Hütte gefunden und mit sich aufs Pferd genommen. Darum habe ihn auch in der Schlacht keine Kugel getroffen, denn das sei sein Schutzgeist geworden.

Die Statue hat aber noch ein anderes Merkmal, das auch nicht jeder weiß: Das Pferd des Großen Kurfürsten hat keine Hufeisen. Die hat der Meister, welcher die Statue gegossen hat, vergessen und als er es nachträglich bemerkte, soll er sich deshalb von der Brücke in die Spree gestürzt haben.
~~~

In der Neujahrsnacht übrigens, sagt man, dreht sich der Große Kurfürst in der Mitternachtsstunde auf seinem Postament um.

Die vier Sklaven endlich, die oben um die Statue herumsitzen, das sind nur seine Hauptsklaven. Unten im Wasser sitzen aber noch vier andere und bei klarem Wetter kann man sie sehen. Unten an den Pfeilern der Brücke sind nämlich Figuren als Verzierungen angebracht, welche das Volk so deutet.

~~~

Außer den erwähnten Wahrzeichen gibt es noch eins aus der Zeit der alten Markgrafen, das ist das steinerne Kreuz an der Marienkirche. Das haben die Berliner zur Strafe setzen müssen, weil das Volk dort einmal einen Propst von Bernau erschlagen hat.

Der hatte sich, heißt es, durch die Hartherzigkeit verhasst gemacht, mit der er die Zehnten eintrieb. Wie er nun einmal – es war gerade Markt und viel Volk zusammengeströmt – aus der Kirche trat, brach der Unwille gegen ihn los. Von Schimpfreden kam es zu Tätlichkeiten und schließlich erschlugen sie ihn.

Das ist aber den Berlinern teuer zu stehen gekommen, denn der Papst hat sie in den Bann getan – es war nämlich noch zur katholischen Zeit – und es hat sie viel Geld gekostet, dass sie sich wieder aus demselben lösten.

~~~

Die übrigen Wahrzeichen stammen aus der Zeit der preußischen Könige her.

Da sind zunächst die Löwen an der Parochialkirche zu erwähnen, welchen das Volk den Namen »Die Singuhr« gibt. Sie hat nämlich ein schönes Glockenspiel und oben am Turm sind an den vier Ecken Löwen angebracht.

Die Sage berichtet nun, die hätten früher alle Stunden gebrüllt, der Magistrat aber habe nicht gewollt, dass es noch ein zweites derartiges Werk gäbe und hätte deshalb dem Meister, der es angefertigt hatte, die Augen ausstechen lassen, damit er nicht noch ein derartiges baue. Da hat dieser denn gebeten, man möge ihn noch einmal zum Turm führen – und wie er oben gewesen ist, habe er an einer Schraube gedreht – und seit der Zeit seien die Löwen verstummt. Die Kirche aber liegt in der Klosterstraße.

~

In Berlin wurde früher offenbar Branntwein ausgeschenkt, nach dessen Genuss man steinerne Löwen brüllen hörte. Um es mit dem berühmten Zitat aus »Harry und Sally« zu sagen: »Ich nehme genau das, was sie hatte. (»I'll have what she's having.«)«

~~~

In der Heilige-Geist-Straße aber, an dem Hause Nr. 38, da ist der Neidkopf, der rührt von König Friedrich Wilhelm I., dem Vater des alten Fritz, her.

In dem Haus wohnte nämlich zur Zeit dieses Königs ein armer Goldschmied, der aber von früh bis spät fleißig bei der Arbeit war. Der König, der sich um alles bekümmerte, hatte dies bei seinen Spaziergängen wohl bemerkt und suchte den Meister in seiner Werkstatt auf. Als er auch einen geschickten Mann in ihm erkannte, gab er ihm Verschiedenes zu arbeiten.

Wie er nun wieder einmal bei ihm war, um nachzusehen, wie die Arbeit vonstattenging, sah er in dem gegenüberstehenden Hause eine Frauensperson im Fenster liegen, welche die hässlichsten Grimassen schnitt und immer hinübersah. Da fragte er den armen Goldschmied, was das bedeute, und als er hörte, dass es die Frau eines reichen Goldschmieds sei, der da drüben wohne, und dass die Frau aus Neid, weil er, der König, dem armen Goldschmied seine Kundschaft zugewandt, diesem täglich solche Grimassen schneide, beschloss er, sie zu bestrafen:

Er ließ dem armen Goldschmied statt seines kleinen Hauses ein stattliches aufführen und über der Tür einen weiblichen Kopf mit Schlangenhaaren und verzerrtem Antlitz anbringen, damit die missgünstige Frau so ein Neidgesicht als Warnung immer vor Augen habe. Deshalb nennt man es auch den Neidkopf.

Der »Verein für die Geschichte Berlins e.V., gegr. 1865« schreibt hierzu: »Die Straße verlief bis 1972 parallel zur Spandauer Straße von der Rathausstraße bis zur Heiligegeistgasse durch das heutige Marx-Engels-Forum. Jenseits der Rathausstraße setzte sich der Straßenzug mit der Poststraße des Nikolaiviertels fort. 1938 wurde der nordwestliche Abschnitt wegen der geplanten Neubauten der Industrie- und Handelskammer an der damaligen Kaiser-Wilhelm-Straße eingezogen.

Im 17. und 18. Jahrhundert lag die Straße in einer vornehmen Wohngegend. Zur Zeit des Großen Kurfürsten schaute man noch über die Gärten an der Spree auf das Schloss. In eige-
~~~

nen Häusern wohnten 1704 Hofstaats-Commissarius Johann Paul Beyer, der Königliche Bäckermeister Christoff Schöneknecht, Hof-Kleinschmied Christoff Jänicke, Hof-Tischler Andreas Fricke, der Königliche Rat und Ober-Auditeur Andreas Libertus Müller, Goldschmied Christoff Knorre, Hofrichter Wendelin, Kammerrat Matthias gen. von Berchem, Geh. Kammerrat Merian und Stadt-Physikus Christoff Schmidt. Johann Wilhelm Meyer führte eine Buchhandlung und später residierte hier die Nicolaische Verlagsbuchhandlung vor ihrem Umzug zur Stechbahn bzw. 1787 in die Brüderstraße. [...]«

~~~

Ein anderes Wahrzeichen, das aus der Zeit des alten Fritz herrühren soll, findet sich noch in der Wallstraße Nr. 25, wo über dem Eingang des Hauses ein Mann abgebildet ist, der eine Tür oder ein Tor auf dem Rücken trägt. Die einen sagen, es sei dies Bild zum Andenken angebracht, weil dort, wo das Haus jetzt steht, früher das alte Köpenicker Tor gestanden habe. Die anderen erzählen davon folgende Geschichte.

In dem Haus, heißt es, wohnte im vorigen Jahrhundert ein armer Schuhmacher. Der habe einmal in der Lotterie gespielt und damit das Los nicht fortkäme – namentlich, damit die Kinder es ihm nicht verbrächten – habe er dasselbe an die Tür geklebt. Da blieb ihm nun, als das Los wirklich mit einem großen Gewinn herauskam, weiter nichts übrig, als die Türe auf den Rücken zu nehmen und so zum Lotteriegebäude zu gehen.

Zum Andenken daran habe er dann das Bild an dem Hause anbringen lassen, das ihn darstellen sollte, wie er mit der Tür auf dem Rücken zum Lotteriegebäude wanderte.

~~~

Aus der Zeit Friedrichs des Großen sollen auch noch die 99 Schafsköpfe an dem Haus am Alexanderplatz herstammen. Der König hatte nämlich, heißt es, dieses Haus bauen lassen, wie so manche in Berlin und Potsdam. Der Mann, dem er es aber baute, soll ein etwas unverschämter Geselle gewesen sein und den König stets mit neuen Bitten belästigt haben. Bald wollte er dies, bald das an dem Haus gemacht haben.

Schließlich quälte er den König noch damit, dass er gern allerhand Verzierungen angebracht haben wollte. Der König hieß ihn gehen, indem er sagte, er werde schon für passende sorgen und gab nun dem Baumeister den Befehl, eben jene 99 Schafsköpfe an der Fassade anzubringen.

Bestürzt kam der Mann, als dies geschehen, zum König gelaufen, der aber fertigte ihn mit der Bemerkung ab, er habe ja Verzierungen gewollt, aber dass sie nicht nach seinem Geschmack wären, dafür könne er nichts. Er brauche sich übrigens nur selbst ins Fenster zu legen – dann wäre das Hundert voll.

~~~

Wie die Sage sich überall ansetzt, wo sie etwas findet, hat sie es auch an dem schönen Denkmal Friedrich Wilhelms III. im Tiergarten getan, das die dankbaren Berliner Bürger diesem König dort gesetzt hatten.

Eine Marmorader auf dem Stiefelblatt des Königs hat den Glauben erzeugt, das solle einen Flicken darstellen und der Künstler habe mit ihr die Sparsamkeit des hochseligen Herren ausdrücken wollen!

~~~

Solche Wahrzeichen mussten sich früher Reisende, namentlich die Handwerksburschen merken, als das Wandern noch mehr Sitte war. Die Kenntnis oder Unkenntnis derselben galt als Beweis, ob der Handwerksbursche an dem Ort gewesen war oder nicht.

Beim Militär hat sich die Sitte erhalten oder vielmehr erneuert, indem die Rekruten von ihren Landsleuten meist immer noch mit diesen Sachen bekanntgemacht werden, sobald sie ihnen Berlin zeigen. Mit der Zeit freilich hat die Statue des alten Fritz alles andere in den Hintergrund gedrängt. Sie ist das Hauptwahrzeichen in dieser Hinsicht geworden, zu dem der Fremde zuerst hingeführt wird.

Wilhelm Schwartz war ein eifriger Autor und hat uns zahlreiche Werke hinterlassen. Die meisten davon sind als Digitalisate verfügbar und ganz sicher einen Blick wert, vor allem an langen Herbst- und Winterabenden. Aber auch die gedruckten Ausgaben sind noch sehr oft in Ihrer lokalen Bibliothek für jeden Menschen einsehbar, gegebenenfalls über die Fernleihe. Alleine die Aufmachung, das schwere und holzhaltige Papier, die kunstvollen Einbände und auch die – zugegebenermaßen gewöhnungsbedürftige – omnipräsente Frakturschrift sind Zeugen ihrer Zeit, wie Berge und Täler, wie Stadt und Land, wie Straßen und Gebäude.

Wilhelm Schwartz, dem im Jahre 1894 von Kaiser Wilhelm II. für seine Verdienste der Titel eines Geheimrats verliehen wurde, starb am 16. Mai 1899 in seiner Geburtsstadt Berlin.

2.

Sagen und Legenden des Hauses Hohenzollern

Berlin erlangte im Jahre 1701 durch die Krönung des Hohenzollern Friedrichs I. zum König Preußens die Stellung der preußischen Hauptstadt. Das Haus Hohenzollern stellte bereits seit dem Jahre 1415 die Markgrafen und Kurfürsten von Brandenburg und hatte dadurch seit Jahrhunderten großen Einfluss auf die regionale Entwicklung.

Mit der Krönung Friedrichs I. erhöhte sich die Einwohnerzahl Berlins auf etwa 55.000. Schon bald entstanden neue Vororte, welche die Stadt noch mehr vergrößerten und heute ist Berlin die wichtigste Metropole Deutschlands, die sage und schreibe zwölf Großstädte in sich trägt. Die Herrschaft der Hohenzollern – in guten wie in schlechten Zeiten – verhalf der Stadt in großem Maß zu ihrer Bedeutung. Wenig verwunderlich also, dass durch die vielen Jahrhunderte hindurch um das Haus Hohenzollern herum zahlreiche Sagen und Legenden entstanden: Machtanspruch und Herrschsucht, Intrigen und Familienkämpfe, Fehden und Feldzüge, Liebelei und Leiden, Geisteskrankheit und Wahnsinn, Töten und Morden – was von den unzähligen Fantasy-Schreibern der Neuzeit immer und immer wieder thematisiert werden würde, lässt sich bereits in der Wirklichkeit dieser Sagen entdecken.

Das Haus der Hohenzollern spielte in der Tat ein Lied von Eis und Feuer – bis ins Jahr 1918, als die Zauberlehrlinge ihr Land feierlich dem nächsten starken Mann überreichten.

»Und sie laufen! Naß und nässer, wird's im Saal und auf den Stufen.
Welch entsetzliches Gewässer! Herr und Meister! hör' mich rufen! –
Ach, da kommt der Meister! Herr, die Not ist groß!
Die ich rief, die Geister, werd' ich nun nicht los.

›In die Ecke, Besen, Besen! Seid's gewesen. Denn als Geister
ruft euch nur zu seinem Zwecke, erst hervor der alte Meister.‹«

Preußens Gloria

Die Prophezeiung des Bruders Hermann von Lehnin

Ungefähr drei Kilometer von Potsdam, in der Mittelmark an der Havel, lag das Schloss und Amt Lehnin. Es war einmal ein berühmtes Kloster gewesen, in welchem als Hauskloster der Askanier und Hohenzollern mehrere Kur- und Markgrafen Brandenburgs begraben liegen.

Im Kloster Lehnin lebte in den Jahren 1272 bis 1339 der durch seinen heiligen Wandel und seine Gelehrsamkeit berühmte Mönch Hermann, der in lateinischen Versen die künftigen Schicksale seines Klosters besang und dabei immer wieder auch das Schicksal aller nachfolgenden preußischen Fürsten mit berührte, weil dieses mit der Zukunft des Klosters in Verbindung stand und von demselben abhing.

Über die Geschichte dieser Prophezeiung – vor allem, wie sie an die Öffentlichkeit gelangte – gibt es mindestens zwei verschiedene Berichte:

Nach der ersten Darstellung sei die Prophezeiung nach der Einziehung des Klosters im Jahre 1542 in fremde Hände geraten, bis der kurbrandenburgische Rat Erasmus von Seidel – durch seine glückliche Verteidigung der Jülicher Erbfolge für das kurbrandenburgische Haus – in ihren Besitz gelangte. Er soll sie als geheimen Schatz in seinem Haus verwahrt und erst gegen Ende der Regierungszeit von Kurfürst Friedrich Wilhelm von Brandenburg (1640 bis 1688) anderen Menschen mitgeteilt haben.

Eine andere Sage erzählt, diese Prophezeiung sei in den letzten Jahren des Kurfürsten Friedrich Wilhelm, als er das an der Stelle des verfallenen Klosters erbaute Schloss besucht habe, um sich in der Umgebung desselben mit der Reiherjagd zu belustigen, in einer alten Mauer des Schlosses aufgefunden worden. Aus dieser Handschrift sei die Prophezeiung dann zuerst vom bekannten Königsberger lutherischen Theologen Michael Lilienthal im zweiten Band seines Werkes »Erleutertes Preußen« durch den Druck bekannt gemacht und später von einem gewissen Zoroaster, von einer deutschen metrischen Übersetzung begleitet, herausgegeben worden.

Es folgt der ungekürzte Titel der Ausgabe Zoroasters aus dem Jahre 1741, die heute für jeden Menschen mit ein paar Klicks als Digitalisat in der Bayerischen Staatsbibliothek in Sekunden einsehbar ist:

»Der Preußische Wahrsager, Das ist Bruder Hermanns von Lehnin Wundersame Prophezeyhungen Von denen Regenten Des Churfürstlichen Hauses Brandenburg und Königreichs Preussen, Und deren Besteigung des Kayserlichen Thrones: Nebst verschiedenen Die Europäischen Staaten Sonderlich aber Polen, Oesterreich, Schweden und Preußen betreffenden Theils raren, theils merckwürdigen Prognosticis. Aus geheimen Nachrichten und Urkunden sorgfältig zusammengetragen, und der curieusen Welt zu fernerer Beurtheilung getreulich mitgetheilt Von Zoroaster.«

Zoroaster ist das Pseudonym des Gymnasialdirektors Georg Daniel Seyler (1686 bis 1745). Eine der Quellen Ihres Autors, Johann Georg Theodor Grässe, erläutert, dass seit dieser Zeit verschiedene Ausgaben dieser merkwürdigen Schriftstücke erschienen sind, die zum Teil unter sich etwas verschieden seien.

In seinem Band »Sagenbuch des Preußischen Staates« verwendet er die Übersetzung des Zoroaster. Seine 32 (!) Anmerkungen zum Gedicht sind hier der Länge halber weggelassen worden. Es wurden lediglich Absätze eingefügt und versucht, die Rechtschreibung so wenig wie möglich an moderne Maßgaben anzupassen, um den ursprünglichen Charakter eines mehr als 900 Jahre alten Gedichts zu bewahren.

Bruder Hermanns von Lehnin wundersame Propheceyung von den Regenten des Chur-Fürstlichen Hauses Brandenburg, abgefasst im Jahre Christi 1306:

Nun will ich dir, Lehnin, dein künftig Schicksal sagen,
Das mir der Herr der Welt selbst angezeiget hat.
Denn ob du gleich jetzt wie eine Sonne glänzest,
Und ein unsträfliches und heiliges Leben führst,

Auch keinen Mangel spürst an Ruh und Wohlergehen;
So kommt doch eine Zeit, die dich wird anders sehen,
Da du kaum was wirst sein, wo nur nicht gar vergehen.
Das Volk, das dich gebaut, hat allzeit dich geliebet.

Mit diesem fühlst du auch, und bist nicht mehr so lieb.
Nun hebt sich bald drauf an die höchstbetrübte Stunde,
Darin Ottonis Stamm auch gänzlich geht zu Grunde,
Dieweil kein einz'ger Sohn von selbem überbleibt.

Da fällst du nun zuerst, jedoch nicht gar zu Boden.
Indessen wird die Mark viel schwere Drangsal leiden,
Denn Ottonis Wohnung nimmt die Brut der Löwen ein,
Da wird der rechte Erbe alsdann verstoßen sein.

Wenn fremde Völker sich bis nach Corin begeben,
Wird ihren Stolz gar bald der schlaue Kaiser heben.
Doch wird ob diesem Schutz die Mark sich wenig freun.
Der königliche Löwe wird wieder abwärts gehen,

Und dieses Land nicht mehr die rechten Herren sehen.
Viel Herrscher machen dann dem Lande große Pein.
Der reiche Adel wird die Bürger unterdrücken,
Und manchen Geistlichen ohne Recht ins Elend schicken.

Es wird gehen, wie es ist zu Christi Zeit gelaufen,
Man wird ohn' alle Scheu viel Menschen selbst verkaufen.
Doch dass du liebe Mark nicht ohne Haupt mögst sein,
Wirst durch zwei Burge du zu größeren Ehren steigen

Und dich, doch nur zum Schein, zur Ruh und Friede neigen,
Und durch der Wölfe Tod triffst du der Schafe Herz,
Dies sag ich: Dieser Stamm wird lang im Flor bekleiben,
Und deines kleinen Staates viele Jahre Beherrscher bleiben,

Bis die erlegt sind, die damals hochgeehrt,
Die Städte wüst gemacht, den Herrn ihr Recht gewehrt.
Des Vaters Folger wird des Bruders Freiheit kränken
Und den unbilligen Tod nicht billig machen denken.

Nachdem er müd' vom Krieg und manchem Unglücks-Streich,
Folgt ihm der Bruder bald in dem verlass'nen Reich,
Zwar ein sehr tapferer, doch auch sehr eitler Mann,
Der auf den Berg gedenkt, die Brück' nicht reichen kann.

Schaut, arme Lehniner, wie er die Schwerter wetzet,
Der schont die Brüder schlecht, der Väter selbst verletzet.
Sein Nachfahr' weiß des Krieges durch seine Kunst zu spotten
Er sagt den Kindern selbst ein großes Glück vorher,

So wartet denn auf sie viel Glück und große Ehr.
Und ihnen soll's so wohl als wie ihm selbst ergehen.
Dann aber wird ein Weib dem Land viel Unglück schaffen,
Ein Weib, das angesteckt durch neues Schlangengift,

Und dieses wird bis zu dem elften Stamme dauern.
Nun kommet der herfür, der dich Lehnin sehr hasst
Er schneidet als ein Schwert, hat nicht viel Guts im Sinn,
Er störet und verkauft die Kirch' und Kirchengüter.

Geh, mein verlass'nes Volk! Du hast nun keinen Schutz,
Bis eine neue Zeit wird alles wieder bringen.
Der Sohn bestätiget des tollen Vaters Tun,
Drum wird ein Geistlicher für einen Tor gehalten,

Und weil er nicht sehr streng, heißt er der beste Herr;
Ihm folgt aus seinem Stamm ein ganz ungleicher Zweig.
Er stirbt im Totenjahr an einem hohen Ort.
Drauf fordert der das Reich, der in der Stadt geboren,

Er nährt sein Kind mit Furcht; durch Hoffnung andere;
Doch was er heimlich fürcht', wird – seht nur! – doch geschehen.
Bald lässt sich ein neu Spiel nach Gottes Zulass sehen;
Allein er lebt nicht lang, der voller Fehler war,
Und durch Gesetze viel, noch mehr durch Strafen störte,
Die doch durch sein Befehl nur immer ärger wurden,
Und besser könnten sein, wenns dem Geschick gefiel.
Er war verschmitzt genug, doch keines Lobes wert.

Dem Vater folgt der Sohn als Kurfürst von der Mark,
Der viele leben ließ nach wohlverdienter Strafe;
Er glaubte zu viel, drum frisst der Wolf die Schafe,
Doch folgt der böse Knecht bald seinem Herren nach.

Dann kommen, welche sich von dreien Burgen nennen,
Und unter'm großen Herrn wächst der schon weite Staat.
Die Sicherheit des Volks ist des Regenten Stärke,
Allein sie hilfet nichts, wenn Klugheit niederliegt.

Der folgen wird, wird nicht ins Vaters Fußstapf treten.
Ihr Brüder betet nur! Vergießt, ihr Mütter, Tränen!
Des Namens Deutung zeugt von frohem Regiment.
Es ist nichts gutes mehr: eilt alle Bürger fort!

Es ist nun gänzlich aus, und keine Hoffnung übrig.
Bald knirscht ein Jüngling, da die große Mutter seufzet,
Allein wer kann den Staat, der so verwirrt, verbessern?
Die Fahne greift er an, doch nur zu seinem Schaden,

Bei kaltem Nordenwind will der ins Kloster geh'n;
Der folget, ahmet nach der Väter schlimmen Sitten,
Den Seinen fehlt die Kraft, dem Volke Stern und Glück;
Der, dessen Hilf' er sucht, hat wider ihn gestritten,

Und kommt durchs Wasser um, da alles er umkehrt.
Der Sohn wird blüh'n, und das, was er nicht hofft, erlangen,
Doch hat ein traurig Volk alsdann betränte Wangen.
Denn nun kommt, wie es scheint, ein selt'nes Glücksgesicht;

Das Wachstum seiner Macht weiß selbst der Fürste nicht.
Zuletzt den Zepter trägt der letzte von dem Stamm.
Israel wagt eine Tat, die kaum des Todes würdig.
Der Hirt' nimmt auf die Schaf, und Deutschland ihn zum König.

Die Mark vergisst durchaus, was übels vor geschehen;
Sie nährt die Ihrgen selbst, mag keinen Fremden sehn.
Lehnin und Corin wird von neuem aufgebaut:
Es kommt die Klerisei zu ihren alten Ehren,
Auch stellt der Wolf nicht mehr dem edlen Schafstall nach.

Eine ähnliche alte Prophezeiung über die deutsche Kaiserkrone, welche dem Haus der Hohenzollern zuteil werden solle, will der bekannte Theologe, Chronist und Historiker Nikolaus Leutinger in einem Kloster gefunden und aufgezeichnet haben. Sie laute:

Das weiße Pferd leid't großen Drang
Behält doch endlich die Überhand.
Das Rautenkräntzlein wird wieder blüh'n
Und sich in Ehren sehr freuen.
Der Rote Adler wird gar hoch schweben
Und sich viel über ander' erheben.

Die Hauptkriterien bei der Quellenauswahl für Ihren ergebenen Autor sind Authentizität und Wissenschaftlichkeit. Deshalb reduzieren sich die Quellen in der Regel auf Verfasser aus dem 18. und 19. Jahrhundert, die zudem in der Regel mindestens eine relevante Ausbildung, ein Studium oder eine Lehrtätigkeit vorzuweisen haben. Aus diesen Gründen ist die herausragende Arbeit einer Handvoll unermüdlicher Sammler und rigoroser Sortierer deutschlandweit bekannt:

Ein Ludwig Bechstein, ein Heinrich Pröhle, ein Ludwig Uhland, ein Karl Lohmeyer, ein Johann Georg Theodor Grässe – alle haben der deutschen Geschichte mit ihrem der Wirklichkeit in oft jahrzehntelanger und anstrengender Arbeit abgerungenen Vermächtnis einen unschätzbaren Verdienst erwiesen. Vor allem Ludwig Bechsteins elegante Prosa ist eine Reise in die Vergangenheit wert und wird vermutlich viel zu selten eine entsprechende Würdigung erhalten. Chapeau!

Dem hier präsentierten Band zugrunde liegt deshalb hauptsächlich Johann Georg Theodor Grässes »Sagenbuch des Preußischen Staates«. Sein zweibändiges Werk liefert nicht nur eine außergewöhnlich umfangreiche und authentische Sagensammlung, sondern mit weit mehr als eintausend Anmerkungen zu Quellen und Vorlagen ein solides wissenschaftliches Fundament. Wir können sicher sein, dass seine Aufzeichnungen ein wahrheitsgemäßes Abbild der legendären Wirklichkeit zeigen und dürfen in der Gewissheit ruhen: Diese Sagen haben unsere Vorfahren bewegt, diese Sagen haben sie sich tatsächlich erzählt.

Mein Traum, der hat vier Ecken, vier Ecken hat mein Traum

Die Vision des Andreas Otto von Tangermünde, wie er sie seinem Schwager und Cantzlei-Actuarius Hainno Flörcke erzählte und er sie Wort für Wort aufgeschrieben hat

Wir bleiben, um die Ursprünglichkeit zu bewahren, nahe am Text von Grässes Sagenband. Selbst aus einem uralten Brunnen kann noch immer frisches Wasser hervorsprudeln, auch wenn am Beckenrand etwas Moos steht.

Herr Andreas Otto, ein christlicher und gottesfürchtiger Mann, Sohn eines Tuchmachers aus Tangermünde an der Elbe, wurde zum Domkustos an die Berliner Kirche zur heiligen Dreifaltigkeit bestellt. Im Alter von 89 Jahren habe er im Jahre 1620 in der Osternacht gegen zwei Uhr einen sonderbaren und merkwürdigen Traum gehabt. Dieser Traum sei ihm vorgekommen, als ob er wahrhaftig dorthin geführt und folglich alles mitangesehen habe, was sich auf dem kurfürstlichen Althan, der vom Schloss zur Kirche führt, geschehen sei. Otto soll es folgendermaßen berichtet haben:

»Ein alter Greis kommt zu mir und ruft meinen Namen dreimal. Ich solle aufstehen und mitgehen, er wolle mich an einen Ort führen, wo ich Wunderdinge sehen solle. Schon führt er mich zur ersten Ecke des Althans. Dieser Althan war vom Schloss zur Kirche im Quadrat gebaut, sodass man die Stadt an allen vier Ecken übersehen konnte. Er führte mich an das Fenster, das zur breiten Straße hinausging, und sagte:

›Das, was du in den vier Ecken des Althans sehen wirst, wird in 200 Jahren erfüllt werden.‹

Der Greis hatte plötzlich drei Gesichter. Als ich mich hierüber entsetzte, sagte er:

›Fürchte dich nicht dieser Vision! Was du in den vier Ecken sehen wirst, wird vier nachfolgenden Regierungen dieses Hofes geschehen. Der Hof wird groß und herrlich werden und der letzte wird über alle steigen und ein großer Monarch werden, so wie das antichristische Reich über Haufen und Gog und Magog stürzen wird.‹

Als er nun zum ersten Eck am Fenster hinausblickte, sah er das damalige Berlin in seinem jetzigen Zustand. Ich sah alte Wohnungen und Gebäude, die Einwohner gingen in ihrer jetzigen Tracht und die Hofbediensteten und Großen gingen zu Fuß. Ich sah nicht mehr als vier Kutschen. Die Kutsche des alten Kurfürsts Georg Wilhelm war mit schönem Tuch und seidenen Fransen ausgeschlagen.

Doch gingen die Leute in sauberer Tracht und alles, was sie trugen, war aus massivem Silber. Die Redlichkeit im Handel und Wandel war aufrichtig, was ein Mann bei seinem langen, großen Bart versprach, das war wie ein Evangelium. Indem ich mich nun dem Greis zuwendete und dann wieder hinaussah, fand ich dort eine große Veränderung. Als ich hierüber erschrak, sagte der Greis zu mir:

›Das alles wird in 40 Jahren erfolgen. Der Prinz, der in diesem Jahr geboren wurde und in der Wiege liegt, wird diese Stadt unter seiner Regierung in solchen Stand setzen, die Stadt befestigen, noch eine Stadt erbauen und sie mit Wällen und Zugbrücken schützen. Dort, wo man vormals Schlagbrücken und Kuppeldämme sehen konnte, stehen dann die schönsten Portale und aus den alten, hölzernen Häusern sind steinerne geworden.‹

Ich sah die neue Stadt Friedrichswerder und auch eine kleine Neustadt, in Richtung Tiergarten zu. Diese würde man Dorotheenstadt nennen, nach dem Namen seiner Gemahlin. Der Mühlendamm war mit schönen, gemauerten Buden bebaut, es gab einen neuen Kran und die Schleuse war so vergrößert worden, dass selbst große Schiffe einlaufen konnten. Unter den gewölbten Buden konnte man trockenen Fußes auf den Mühlendamm gehen. In der Mitte stand das Porträt des Prinzen auf dem Portal und dort war eine Brücke angelegt worden, auf der man in eine neu angelegte Stadt gehen konnte. Die Leute waren schon politisch, ihre Trachten orientierten sind an der französischen Mode und auch die Gemüter in ihren deutschen Knebelbärten waren anders eingerichtet.

Als nun der Greis mir von Potsdam erzählen wollte, wie er dort eigenhändig ein Schloss erbaut habe und ich nach ihm hinsah – war der alte Greis weg. An seiner Stelle stand ein munterer, junger Mann in silbernem Aufzug mit einem Purpur-Mantel und auf seinem Haupt glänzte eine Krone. Ich erstaunte, aber er sprach:

›Komm ans andere Eck und sieh die Veränderungen an.‹

Als ich dahin kam, hatte Berlin eine ganz andere Gestalt bekommen. Es standen schöne Paläste, das Schloss war verändert und erweitert. Dieser Mann sagte zu mir:

›Das hat dessen Nachfolger in einer Zeit von 25 Jahren während seiner Regierung zuwege gebracht. Er wurde König und so veränderte und vergrößerte sich der Staat. Er war ein Liebhaber des Friedens und war doch dabei ein Sohn von Mars und Apollo. Er hatte gute und propre Soldaten, einen großen Hofstaat und alles in Berlin lebte von seiner Schönheit und Pracht.

Dieser Regent, den du da siehst, hat die neue Parochialkirche in der Klosterstraße gebaut, jene mit dem schönen Glockenspiel. Außerdem das große Arsenal, die Charlottenburg, die vielen Kirchen und die prächtigen Lusthäuser um Berlin. Insbesondere ist das Andenken von seinem seligen Vater, dem großen Kurfürsten Friedrich Wilhelm von Brandenburg, in der messingnen Statue zu Pferde, auf der langen Brücke zu bewundern.‹

Und als ich dies alles mit der größten Bewunderung ansah, den Pomp, den Glanz und die Herrlichkeit des Hofes, auch das Wimmeln des Volkes und Rasseln der Karossen ansah, musste ich mich nach dem Mann umsehen und wollte etwas fragen.

Doch an seiner Stelle stand ein anderer dort. Er hatte ebenfalls ein munteres, junges Gesicht, doch war mit Helm, Panzer und Schild angetan. Ein großmütiger heroischer Held, aus dessen Auge die Majestät hervorblitzte – und er sagte:

›Komm und sieh die Veränderung des dritten Ecks. In selbigem wirst du ersehen, was du bereits wahrgenommen hast, denn dieser Regent führt keinen fabelhaften, aber doch auch einen propren Staat und wirst zugeben müssen, dass bei allem vorigen Glanz, dieser neue Glanz den alten übertrifft.‹

Als ich nun hinaussah, fand ich alles in größter Blüte und Wohlsein. Als ich mit dem jungen Mann sprechen wollte, da diese Vision sich bis ins 18. Jahrhundert hineinzieht, so sprach derselbe schon zu mir:

›Das Kurhaus Brandenburg ist zum königlichen Hof aufgestiegen. Betrachte also dessen königlichen Staat und die neuerbaute Hofstadt, die hier im hellen Glanz prangt, wenn 24 Trompeter und zwei Paar Heerespauken jedes Mal zur Tafel blasen.‹

Beim Anschauen all dieser prächtigen Aufzüge und Aufführungen, die ich, nebst anderen großen Kostbarkeiten, so prachtvoll noch nirgends und niemals gesehen hatte, war ich ganz außer mir selbst und in die größte Verwunderung gebracht. Danach zeigte mir der junge Held den König in Lebensgröße auf einer in Messing gegossenen Erhöhung auf dem Molkenmarkt stehend. An dem Arsenal im Brustbild war erkennbar, dass er des großen Friedrich Wilhelms Nachfolger und Sohn, Friedrich I., König der Preußen wäre, der das Königreich und Kurfürstentum zu diesem großen Glanz und höchster Würde gebracht hatte. Und der Mann sprach weiter:

›Nun wirst du aber an diesem dritten Eck die Folge desselben ersehen.«

Als ich nun meine Augen dahin wandte, erblickte ich die verschiedenen Veränderungen der vergangenen Zeit. Statt des Rasselns der Karossen in den Straßen sah ich dort lauter Soldaten wimmeln. Alle waren vortrefflich diszipliniert und im Exerzieren perfekt. Hierbei meinte ich zu bemerken, dass die Einwohner nicht so munteren Gemüts waren, wie bei der Erscheinung zuvor. Doch hier florierten die zahlreichen Handwerker, die wegen des vielen Bauens immer reichlich Aufträge und deshalb große Verdienste hatten, denn alle Häuser waren sauber verziert und in einer Farbe gehalten, die sehr wundervoll anzusehen war.

Und obwohl die Stadt in jedem Bezirk so prächtig anzusehen war, schien es, dass ein gewisser Geldmangel unter Hohen und Niedrigen sich bemerkbar machte. Vielleicht war dieses schon in der letzten Erscheinung so gewesen – und man hatte es nur nicht bemerkt. So hatten die Reichen hier weniger als vorher und die Armen hatten nicht einmal Nahrung. Es hatte alles derart abgenommen, dass es bei manchen nur noch außerhalb an der Straße glänzte, während im Hause alles schlecht und elend anzuschauen war.

Als ich nun alle diese Schönheit und Pracht mit einem unruhigen Gemüte betrachtete und nicht begreifen konnte, wo diese nahrungslosen Zeiten herrührten und mich deshalb tief nachdenklich in Gedanken befand, sah ich mich noch einmal um und fand wieder den alten Greis bei mir. Dieses Mal hatte er neben sich einen munteren Jüngling stehen und beide führten mich zum vierten Eck.

Wiederum zeigte man mir die Schönheit und Herrlichkeit, welche im vollen Glanz wieder hervorbrechen wollte. Auch alles Volk regte und bewegte sich munter, die Gemüter wandelten in vergnügter Zufriedenheit und alles zeigte sich in vollkommener Blüte.

Dieses alles betrachtend sah ich etwas wie einen Blitz, oder eine schimmernde, große Krone über dem königlichen Palais schweben. Neun kleine Blitze oder Kronen tanzten um die Erscheinung herum. Dazu erblickte ich eine Aufschrift, die ein großer, schwarzer Adler über den Kronen schwebend in seinem Schnabel führte. Die eine besagte:

ESTO FIDELIS – sei treu

und die andere

MANEBIS – wirst bleiben

Die alles sah ich mit Entzücken und nicht ohne große Verwunderung. Und siehe da, es erhob sich ein großer Sturm, es prasselte und rasselte in der Luft. Von allen vier Ecken des Althans, zog ein dichter, schwarzer Dampf sich über der Sankt-Petri-Kirche empor, der sich plötzlich in hellen Flammen ausbreitete, begleitet vom großen Lamentieren und Geschrei der Einwohner, weil sich aus den großen Flammen und Dampf von der Kirche sich am Himmel mit einem Mal ein großes feuriges W zeigte.

Hierauf erfolgte ein grässliches Wehklagen und ich erschrak. Es zitterte mein ganzer Leib und darüber erwachte ich aus meinem ängstlichen Traum, um ungefähr drei Uhr.

Ich konnte nicht wieder zu einem klaren Gedanken kommen, weil mir dieser Traum stets in Sinne war. Also ging ich am folgenden Tag zum hochwerten Minister, offenbarte ihm diesen Traum und man ließ es aufzeichnen. Von dieser Zeit an musste ich allerdings das Bett hüten, bis zu meinem Sterbetag hüten müssen, welcher am Himmelfahrttag, dem 18. Mai erfolgte und ich also mein Leben beschloss.«

Man vergesse nicht, dass noch vor wenigen hundert Jahren Träume als legitime, lies: unzweifelhafte Mitteilungen von Göttern und/oder Engeln angesehen wurden. Waren diese auch nicht mehr von großer theologischer Bedeutung – vor allem im bibelfesten christlichen Abendland – so hält sich ihre vermeintliche Aussagekraft noch bis in die Gegenwart: Beim Kartenlegen, Erstellen von Horoskopen, beim Traumdeuten selbst und bei allem, für das es keine schlüssigen Beweise gibt, man sich aber doch unbedingt einreden will: »Die Bayern verlieren heut' 10:0! Isch hab' davon geträumt.«

Man vergesse allerdings auch nicht, dass Geldbeutel und/oder gesellschaftlicher Status hier eine entscheidende Rolle spielten und immer noch spielen. Ein Reicher wird als »exzentrisch« bezeichnet, wenn er sich die Fingernägel einen halben Meter lang wachsen oder seine Kinder mit alphanumerischen Namen taufen lässt. Den Hartz-IV-Empfänger nennt man geisteskrank und ruft erst das Jugendamt, dann die Polizei.

Visionen wurden früher ausschließlich den gesellschaftlich Angesehenen zugeschrieben. Wenn sogenannte normale Menschen von Visionen sprachen, wurden sie entweder ausgelacht, aus der Stadt gejagt oder gesteinigt – oder alles zusammen.

Falls Sie heute einmal ausprobieren wollen, wo Sie sozial stehen, erzählen Sie, eben habe ein brennender Busch mit Ihnen gesprochen und auch die Schlange gestern im Garten habe gequasselt wie ein Wasserfall.

Etwas Besseres als den Tod konnte er nicht finden

Die Prophezeiung des Nicolaus Drabicius, hingerichtet am 16. Juli 1671

Der aus Mähren vertriebene Reformations-Prediger Nicolaus Drabicius (auch: Mikuláš Drabík) sagte in seiner 234. Weissagung, die er als Folge seiner ihm im Jahre 1654 zuteil gewordenen Offenbarung getan hatte:

»Und der Herr sprach: Die Fesseln werden von euren Füßen fallen und der Weg zu eurem Vaterland wird euch wieder offenstehen. Dessen (nämlich Mähren) und der Schlesier Herr, wird der Kurfürst von Brandenburg werden, Böhmen aber soll den Kurfürsten von Sachsen zum König bekommen.«

Nicolaus Drabicius wurde als Achtzigjähriger auf dem Pressburger Rathausplatz brutal hingerichtet. Sein Leichnam wurde öffentlich vor den Toren der Stadt am Donauufer verbrannt. Religionsfreiheit bedeutete damals weder Freiheit der Religion noch Freiheit von Religion.

Darth Ferfridus gegen Rudolf von Schwaben
Die Sage von der Abstammung der Hohenzollern von den Colonnas

Papst, Gegenpapst. Kaiser, Gegenkaiser. Das war das Mittelalter. Stellen Sie sich vor, heute würde eine weltliche Macht wie der FC Bayern einen geistlichen Herrn bestimmen – weil man in der Säbener Straße die Wurst mal wieder nicht lange genug gekocht hat. Anders herum würde es bedeuten, dass Papst Franziskus heute einen Kanzler Söder inthronisiert, morgen eine Präsidentin LePen und übermorgen vielleicht sich selbst als Commander-in-Chief – damit endlich wieder ein vernünftiger Mensch den Finger auf dem roten Knopf hat.

Was heute klingt wie die Fieberphantasien eines arbeitslosen Lohnschreibers, war im 11. Jahrhundert die Realität Europas – und wer diese Wirklichkeit nicht akzeptieren wollte, dem wurden die Truppen auf den Hals gehetzt.

Vor vielen Jahrhunderten hatte der italienische Fürst Petrus Colonna sich mit etlichen vornehmen römischen Herren verbunden, um Gregor VII. nicht als römischen Papst anzuerkennen. Seine Wahl sei nichtig gewesen, da sie vom Kaiser nicht bestätigt wurde. Als Folge hatten die Verschwörer sich des Papstes bemächtigt und ihn gefangen gehalten. Aber es war ein Aufruhr entstanden, der Pöbel habe den Papst befreit und die Verschwörer aus Rom vertrieben.

Ferfridus, einer der Söhne Petrus Colonnas, war zu Kaiser Heinrich IV. nach Deutschland geflohen, denn er wollte sich nicht, wie seine übrigen Blutsverwandten, durch einen Kniefall mit dem Papst aussöhnen müssen. Nachdem der Kaiser die Ursache der Verbannung erfahren habe, wurde Ferfridus gnädig willkommen geheißen. Heinrich IV. nämlich hatte Papst Hildebrand zum Kaiser erwählt.

Im Jahre 1080 zog Ferfridus mit den kaiserlichen Truppen ins Feld und bewies in einem blutigen Aufeinandertreffen gegen die Armee König Rudolfs von Schwaben bei Merseburg seine überaus große Tapferkeit. Ferfridus trennte die feindlichen Scharen wie ein Blitz und verschaffte sich dadurch den notwendigen Platz, um die Leibwache des rebellischen Rudolfs zu überwinden und in die Flucht zu schlagen.

Dem Abtrünnigen nun alleine gegenüberstehend, schlug Ferfridus König Rudolf von Schwaben die verräterische Hand ab, welche er wider seinen Herrn und Kaiser erhoben hatte. Der unterlegene Rudolf erkannte sein Unrecht und rief den anwesenden Bischöfen, die ihn gegen Kaiser Heinrich aufgewiegelt hatten, zu:

»Dieses ist die Hand, welche ich zum Meineid gen Himmel erhoben und durch Eure Verführung wider meinen Herrn und Kaiser gezückt habe.«

Nach dieser Heldentat hätte Ferfridus sich eine große kaiserliche Gnade verdient, doch soll er sich nach wiedererlangter Ehre mit einem Stück Land, das dem überwundenen Herzog Rudolf gehört hatte, und der Ernennung zum Reichsgrafen begnügt haben. Bald darauf habe der frisch gekürte Graf Ferfridus in seinem tapfer erkämpften Land ein schönes Schloss gebaut, das er zum Gedächtnis seines in Latio verlorenen Hauses Zagarolla nannte.

Dieses Zagarolla sollen die Schwaben – entweder absichtlich oder unabsichtlich – mit der Zeit in ihrem Dialekt so verstümmelt haben, dass man es Zollern aussprach. Diese Benennung sei an dem uralten gräflichen Haus haften geblieben.

Außerdem hatten die Colonnas eine Säule in ihrem Wappen geführt, zum Andenken an jene Säule, an der Jesus Christus gegeißelt worden war. Hierin will man mit der Zeit das Zepter im brandenburgischen Wappen erkannt haben, welches das hohe Erzkämmereramt andeutete und dem regierenden Kurfürsten alleine zukam.

Diese Sage mutet zunächst übertrieben fantastisch an, doch kreuzen sich in ihr tatsächlich viele maßgebliche historische Stränge, denn der Kern des damaligen Kampfes der weltlichen gegen die geistige Macht war der sogenannte Investiturstreit:

Heinrich IV. und Papst Gregor VII. waren erbitterte Widersacher, die mit aller Macht um die Vorherrschaft kämpften. Diese Fehde fand ihren Höhepunkt in Heinrichs Gang nach Canossa, als der exkommunizierte weltliche Herrscher den geistigen um Vergebung bat.

Diese Sichtweise hat seitdem in der Geschichtsforschung viele verschiedene Deutungen erfahren und ist nicht unumstritten. Immerhin sind Exkommunikation und Gang belegt.

Günther-Franze, der ewige Stenz

Die Sage von der Abstammung der Hohenzollern aus Frankreich

Die Sage einer Abstammung der Hohenzollern von den Welfen konnte aus Platzgründen keinen Eingang finden. Wir wissen allerdings aus unserer Erfahrung, dass Geschichte von den Siegern geschrieben wird – zum Beispiel durch Überbetonung diverser Ereignisse oder durch Verschweigen der Skandale. Die Hohenzollern waren über Jahrhunderte immer wieder Sieger gewesen und konnten stets auf wohlwollende Berichterstattung zählen. Selbst die kritischen Schreiber wussten, dass man das Lied dessen singe, dessen Brot man esse.

So dachte wohl auch der Schreiber Werner, als er im Jahre 1584 in der »Chronica des Stifts Magdeburg« folgende Begebenheiten auf seinem geduldigen Papier notierte.

Im Mittelalter regierte in Frankreich der legendäre König Güntherus. Er hatte so viele Söhne gezeugt, dass ganz Frankreich zu klein geworden war, um ihnen einen ihrem Stand gemäßen Landsitz und Aufenthalt zu ermöglichen. Deshalb musste ein großer Teil der rechtmäßigen Erben Günthers notgedrungen Frankreich verlassen und in den umliegenden Ländern Stand und Titel gemeiner Fürsten und mittelmäßiger Grafen an sich nehmen.

Die Nachfahren dieser edlen Auswanderer wurden teilweise die Mitbegründer zahlreicher bekannter nobler Häuser in Burgund und dem Sundtgau, aber auch in Schwaben und in anderen Teilen des heutigen Deutschlands, so zum Beispiel die Grafen von Kyburg, Habsburg, Pirtz, Zering – und Zollern. Der Geschichtsschreiber der kaiserlichen Majestät berief sich hierbei auf zahlreiche alte Quellen, Zeitzeugen und Begebenheiten:

So finde man noch heute im großen Portal zu Speyer eine Reihe von Hinweisen, die auf einen Zoller'schen Grafen, den ein römischer Kaiser zum Fürsten gemacht habe und ihm den Titel eines Hochwohlgeborenen verliehen habe.

Außerdem sei es nachgewiesen, dass viele römische Kaiser während ihrer Regierungszeit über deutsche Lande von den vorgenannten Grafen und ihren Verbündeten oft angegriffen worden waren. Solches würde den Grafen schwerlich gelungen sein, wenn diese nicht von den französischen Königen – als nahe Blutsverwandte – mit Rat und Tat gestärket worden wären.

Ein Sieg seines Urgroßvaters Kaiser Wilhelm II. im Ersten Weltkrieg – und ein Ernst August wäre niemals als »Prügelprinz« oder »Pinkelprinz« in die Geschichte eingegangen. Stünde das britische Imperium noch, wäre Prinz Harry entweder eine verschwiegene Randnotiz oder ein »mutiger und kühner Offizier der Royal Army« – aber wohl kaum eine Witzfigur in Wehrmachtsuniform, die in der Klatschpresse für Auflage sorgt.

Es zollern die Zoller am rauschenden Bach

Wie die Grafen von Hohenzollern Burggrafen von Nürnberg geworden

Wer hätte gedacht, dass Babys und Kinder zu medialen Waffen werden können? Das 21. Jahrhundert kann als Jungbrunnen vieler europäischer Königshäuser angesehen werden. Die Kronen und Zepter bleiben zwar meistens im Schrank – denn eine politische Macht hat man nicht mehr – aber die Repräsentation in Zeitschriften, auf Webseiten und vor allem im Fernsehen ist auf einem seit dem Zweiten Weltkrieg ungekannt wohlwollenden Hoch. Das war im Mittelalter der Standard, wenn auch aus anderen Gründen:

Damals ließ der Herrscher sich freundlich vernehmen: »Es zwingt Sie ja keiner!«, während seine Schergen dem Schreiber die Klingen an den Hals hielten – und so wurden aus unfähigen Nepotisten strahlende Sonnenkönige und gerechte Herrscher.

Was heute die politische Autobiographie ist, war seinerzeit die Hofdichtung. Heute haben die Mächtigen ihre Kanäle auf sozialen Medien, damals hat man noch selbst die Schreiber beauftragt. Wie ein richtiger Herrscher – nicht wie so ein neureicher Computerhansel.

Ferfridus von Colum genannt,
Ein edler Herr, fast weit bekannt.
An Tugend, Land und Leuten reich,
Leichtlich find man nicht seines gleich.

Dieser vermerkt der Päpste Untreu,
Welch' Praktik und groß' (Spitz)Büberei,
Wider das heil'ge römische Reich,
Macht sich drum auf und nimmt zugleich

Manch starken Ritter an die Hand,
Lässt hinterher das Welsche Land,
Zieht in Deutschland mit großer Begierde,
Fügt sich an Kaiser Heinrich den vierten,

Bietet ihm seine treuen Dienste an,
Recht als ein frommer Lehenmann,
Damals der Kaiser in Rüstung war,
Und stund sein Sach' in großer Fahr.

Denn Papst Gregor, einst Hildebrandt,
Erregt meuchlings ganz deutsches Land,
Das wollt wider ihn Rudolf, ein Schwabe,
Den tät er mit der Kron begabe'.

Davonnen war geschrieben also:
Petra dedit Petro, Petrus diadema Rodolpho.
So waren nun im römischen Reich
Zwei Kaiser jetzt gewählt zugleich.

Da macht sich auf Heinricus fromm,
Mit ihm Ferfried zur Stelle kam,
Bei Mers'burg ein hart Treffen geschah,
Rudolf daselbst darnieder lag,

Verlor sein rechte Hand im Streit,
Damit er hätt' getan den Eid,
Seinem Herrn Kaiser geschworen die Treu,
Starb auch daran in großer Reu.

Ferfridus hat in dieser Schlacht
Viel löbliche Kriegstat vollbracht,
Wodurch der Siegesfürst hoch erfreut,
Ferfrido große Ehr' erzeigt,

Gab ihm aus kaiserlicher Mild'
Ein Land neben Württemberger Gefild,
Macht ihn zum Grafen lobesan,
Den teueren wohlverdienten Mann,

Der baut die Fest', heißt Hohen Zorn,
Und sprach: mein Glück ist unverlor'n,
Hieraus wil ich Papst Hildebrand
Mein Zorn erzeigen mancherhand,

Darauf man ihn nennt zum Hohen Zorn,
Ein edlen Grafen wohlgebor'n,
Nach ihm wird die Grafschaft genannt
Zu hohen Zöllern wohl bekannt.

Ferfried darnach ohn Erben starb,
Burkhardt sein Bruder die Grafschaft ward,
Wurd' von Heinrico Quinto genannt,
Gefordert rein in Sachsner Land,

Erzeigt sich allweg ritterlich,
Mannlich fest, weis', vernünftiglich,
In diesem Helden tugendreich
Erneuern sich die Herrn allzugleich,

Die Graffen zu Zöllern, das edle Blut,
Der Ehre ein Kron' es tragen tut.
Als nun Rudolfus Kaiser ward,
Graf Friederich zu demselben fahrt,

Sich um sein Herrn Kaiser Mann,
Mit aller Treu hat genommen an,
Dagegen ihn der Kaiser bedacht,
Hat ihn Burggraf zu Nürnberg gemacht,

Da aber Kaiser Sigismund
Friederici Quarti Treu empfund,
Erwug sein Mannheit, Tugend groß,
Und wie er ihm ohn' Unterlass

Treulich allweg beigestanden wär',
Erhob er ihn zu großer Ehr'.
Schenkt bald zu Brandenburg die Kur
Ihm und seinem Geschlechte für und für,

Von diesem teuren werten Mann
Geht nun hervor der hohe Stamm
Kurfürstlicher Durchlauchtigkeit,
Zu Brandenburg, seit dieser Zeit

Gott und seinem Wort Herberg' gönnt,
Drum sie Gott billig wieder krönt,
Der geb denselben allzugleich
Lang' Leben, Gesundheit, Himmelreich.

›Märkischer Wein, schenk' noch mal ein.‹
Der Markgraf Hans (Johann von Brandenburg-Küstrin)

In der Ucker- und Neumark erzählte man seit dem 16. Jahrhundert viele Sagen und Geschichten von Markgraf Hans. Manches hatte einen geschichtlichen Anklang und bestätigte, dass damit Markgraf Johann von Brandenburg-Küstrin gemeint war. Er war der Bruder von Markgraf Joachim II. Hektor (auch: Hector).

Nach dem Tod des Vaters, Kurfürst Joachim I. Nestor von Brandenburg, dessen Testament die Teilung seines Herrschaftsgebiets verfügt hatte, war Markgraf Hans die Neumark und das Cottbuser Land zugefallen. Hans war, so hieß es allerorts, ein einfacher, strenger und religiöser Landesherr, der in seinem Land auf gute Ordnung hielt. Auch seine Gemahlin Katharina von Braunschweig soll eine gute Landesherrin gewesen sein: ordentlich und sparsam, sodass sie für ihre Kinder selbst gestrickt und genäht habe.

~~~

Ein damaliger Berichterstatter erzählte weiteres in sagenhafter Überlieferung: Markgraf Hans wollte sich oft gerne selbst davon überzeugen, dass seine Verordnungen auch überall eingehalten würden. Deshalb ging er viele Male verkleidet in Dörfern und Städten umher und sah zu, wie die Leute dort ihr Leben lebten, was sie taten – oder eben auch nicht taten. Dabei soll ihm denn manches Abenteuer begegnet sein.

Einmal zum Beispiel ging Markgraf Hans als dänischer Soldat verkleidet in der Gegend von Sternberg in eine Dorfschenke und ließ sich von der Wirtin über den Zustand des Landes erzählen. Die tadelte dann sogleich seine Regierung, dann seinen Geiz, danach seine Bierordnung und schließlich seinen Festungsbau – denn Markgraf Hans hatte die Festung Küstrin erbauen lassen.

Einige Zeit später kam der Edelmann des Dorfs dazu, der Markgraf Hans sofort erkannte und ihm als dem Landesherrn alle Ehre erwies. Darüber erschrak die arme Wirtin und fiel Markgraf Hans zu Füßen. Der aber lachte und sagte, dass sie ihm viel Wahrheit erzählt hätte, die er sonst kaum zu hören bekäme.

~~~

Ein anderes Mal, so erzählte derselbe Berichterstatter, ritt Markgraf Hans in der Verkleidung eines Fleischers in der Gegend von Ouartschen herum. Plötzlich fiel es ihm ein, einen Schäferknecht auf die Probe zu stellen. Er gab vor, ihm heimlich einen Hammel verkaufen zu wollen, aber da sich der Schäfer weigerte, begann Markgraf Hans mit ihm zu zanken. Der Streit eskalierte, es kam zu Schlägen und schließlich warf der Schäfer mit seinem Spieß nach ihm, dass dieser an Markgraf Hans' Sattel hängen blieb. Damit ritt er davon und ließ den Sattel mit dem noch immer darin steckenden Spieß zum Andenken im Marstall aufbewahren.

Es war Markgraf Hans wichtig, dass die Leute anständig arbeiteten, ihr Tagwerk ehrten und mit Anstand versahen. Insbesondere war er dahinter, dass der Weinbau ordentlich betrieben wurde. Damals florierte der Weinanbau noch in vielen Teilen der Mark und der Markgraf versuchte alles, um dieses besondere Handwerk zu unterstützen.

Einer seiner Kammerdiener hatte sich einmal ein Fass Wein aus Frankreich kommen lassen. Markgraf Hans stellte ihn zur Rede, weshalb er nicht den Wein tränke, der hier angebaut würde und den selbst sein eigener Herr tränke. Der Kammerdiener aber bestand auf seinem französischen Wein und hatte kein Einsehen auf die Worte des Markgrafen.

Also jagte dieser ihn kurzerhand einfach fort.

~~~

Im Übrigen, so hieß es allerorts, war Markgraf Hans ein leutseliger Herr, wenn alles ordentlich und nach seinem Willen ging. So erzählten die Leute sich auch manches lustige Stückchen von ihm, obwohl andere offenbar behaupteten, diese Geschichten gingen weder auf Markgraf Hans und ebenso wenig auf den aus dem schlesischen Kriege bekannten Markgraf Karl zurück (von dem ähnliche Geschichten erzählt werden), sondern vielmehr auf einen oder mehrere der Markgrafen von Brandenburg-Schwedt.

So schwankte man denn auch in der Erklärung darüber, ob das wunderbare Haus in Niederkränig vom Markgraf Hans oder Markgraf Karl erbaut worden war. Dieser Bau soll nämlich einen großen Saal gehabt haben, der ringsum mit Glasfenstern umgeben gewesen sei, sodass man nicht bloß das ganze Dorf, sondern auch die ganze Gegend mit einem einzigen Blick hatte übersehen können.

Niederkränig heißt heute Krainik Dolny und befindet sich in der polnischen Woiwodschaft Westpommern. Der Ort liegt auf der rechten Seite der Oder, neben dem Nationalpark Unteres Odertal und neben der einwohnerreichsten Stadt der Uckermark, Schwedt/Oder.

~~~

Es soll allerdings ganz sicher Markgraf Hans gewesen sein, der die Festung Küstrin ab dem Jahre 1536 erbauen ließ, wie schon oben erwähnt. Man erzählte allerdings auch, dass er unschlüssig gewesen sei, wie er den Ort nennen sollte, nachdem alles fertiggestellt worden war. Man überlegte hin und her – und fand keine Lösung.

Kurzentschlossen setzte Markgraf Hans dann eines Tages fest: Wer zuerst durch das Tor in die Festung hineingehe, nach dem solle die neue Siedlung benannt werden. Die Person sei Katharina, die Frau (oder die Tochter) des Kirchendieners, gewesen – »Küsters Trin« – und folglich habe man die Stadt Küstrin genannt.

Nach anderen Quellen hätte Markgraf Hans gesehen – während er dachte und überlegte und angestrengt nach einem Namen für seine Stadt suchte –, dass ein junger Bursche sein Mädchen küsste. Das habe ihn zu einer Eingebung gebracht und er habe lachend gesagt: »Da küsst einer seine Trine!« So sei der Name Küstrin entstanden.

Die ehemalige Festungsstadt Küstrin heißt heute Kostrzyn nad Odrą und befindet sich in der polnischen Woiwodschaft Lebus. Der Grund für die Namensänderung ist weit weniger lustig als die angebliche Entstehung.

Sehen Sie, es war einmal ein erfolgloser Landschaftsmaler, der wollte unbedingt Führer und Reichskanzler werden, obwohl er dafür weder die Intelligenz noch das Talent, noch die Qualifikation hatte. Das führte dazu, dass sich der ehemalige Knacki binnen kürzester Zeit fast mit der gesamten Welt anlegte. Dabei zerstörte er nicht nur viele andere Länder, sondern auch sein eigenes so nachhaltig wie es noch nie jemand zerstört hatte – und die Rechnung zahlten unzählige grundlos ermordete Menschen.

~~~

In den Kasematten von Küstrin aber, so ging noch Mitte des 19. Jahrhunderts allgemein die Rede, existiere noch das Bett des Markgrafen Hans. Es hänge angeblich in Ketten und eine alte Frau soll eigens dazu angehalten werden, das Bett täglich zu machen. Das sei auch nötig, hieß es weiter, weil jeden Morgens eine Kuhle im Bett sei, außerdem eine warme Stelle, als habe jemand darin gelegen.

~~~

Zur Franzosenzeit wurde auch behauptet, der Geist von Markgraf Hans habe sich öfters in der Festung Küstrin sehen lassen und manche französische Schildwache vom Wall hinuntergestoßen. Das aber hatten vermutlich welche aus Rache getan, weil sie als Patrioten die Franzosen hassten. Später soll es dann einfach geheißen haben, wann immer etwas Außergewöhnliches passiert war: Das habe Markgraf Hans getan.

Eine Beförderung vom Markgrafen zum Magier

Markgraf Hans und der Suckow'sche Kammerherr

Wenn die bisher berichteten Erzählungen vom Markgraf Hans meistens noch einen geschichtlichen Hintergrund hatten, so wurden ihm in anderen, hauptsächlich in der Uckermark verbreiteten Sagen, allerhand Wundertaten angedichtet. So soll Markgraf Hans unter anderem das Flüsschen Röhricke mit seinem Zickzacklauf ausgepflügt haben.

Markgraf Hans soll nämlich in der Neumark einen großen Acker gehabt haben. Auf diesem Acker befand sich eine Quelle, die jedoch keinen Abfluss hatte und deshalb das ganze Land versumpfte. Das wurde dem Markgrafen eines Tages schließlich zu lästig und deshalb spannte er zwei schwarze Stiere vor seinen Pflug.

Diese beiden aber waren keine gewöhnlichen Stiere, sondern zwei Teufel – und mit diesen beiden Teufeln zog Markgraf Hans eine große Wasserrinne bis in die Gegend von Niederkränig und Nipperwiese, wo er samt Pflug und Stieren plötzlich über den dortigen Elsbruch fortfuhr und mit einem Mal verschwunden war.

Der so entstandene Wasserlauf ist das Flüsschen Röhricke. Sein Verlauf geht darauf zurück, dass die Stiere des Markgrafen, nach trockenem Boden suchend, unruhig kreuz und quer liefen – und die Röhricke deshalb noch heute im Zickzack dahinläuft.

~~~

Markgraf Hans soll in der Tat ein derart großartiger Zaubermeister gewesen sein, sodass einige von ihm behaupteten, er hätte – wie so viele andere Magier – ein Bündnis mit dem Teufel gemacht. Markgraf Hans konnte nämlich sowohl durch die Luft als auch über das Wasser fahren, als sei es festes Land.

So fuhr er einmal zur Nachtzeit durch die Luft nach Freienwalde und damit es recht schnell ging, ließ er den Kutscher tüchtig drauflos peitschen. Der mochte aber wohl etwas zu weit ausgeholt haben und da blieb seine Peitsche an einem Pfahl hängen. Der eifrige Kutscher wollte schnell vom Wagen springen, um sie wieder loszumachen. Schneller war jedoch Markgraf Hans, der seinem Bediensteten verbot, von der Kutsche herunterzusteigen. Er solle nur ruhig zufahren, es würde wohl auch so gehen.
~~~

Am nächsten Tag, als sie auf ebener Erde nach Schwedt zurückfuhren, zeigte Markgraf Hans dem Kutscher, wo dessen Peitsche sich verfangen hatte: Sie hing an der obersten Spitze eines Kirchturms – denn das war der Pfahl gewesen, an dem sie nachts scheinbar hängengeblieben war. Weiter hieß es, dass man zum ewigen Andenken die Peitsche dort hängengelassen haben soll – aber in welchem Dorf es gewesen war, wusste kein Mensch mehr zu sagen.

Auf dieselbe Weise hatte Markgraf Hans auch einmal seine Schmeerbutte eingebüßt, die gleichfalls an dem Kirchturm eines Dorfes hängengeblieben war – und noch heute dort hängen soll.

Eine Schmeerbutte ist offenbar eine Sorte Fisch, den Ihre ergebene Landratte von Autor nicht weiter identifizieren kann.

~~~

Ein anderes Mal fuhr Markgraf Hans bei Prenzlau über den Uckersee. Ein Bauer kam des Wegs gefahren und dachte sich, wo der hohe Mann mit seiner großen Kutsche durchkommt, könne er ja wohl mit seinem kleinen Leiterwagen leicht hindurch.

Schon trieb der Bauer die Pferde an und es ging im raschen Flug über den Uckersee hinter dem Markgrafen her. Als sie am anderen Ufer ankamen, sah der Bauer sich um, weil er feststellen wollte, wie groß die Strecke sei, welche sie zurückgelegt hatten.

Aber im Augenblick sanken die Hinterräder seines Wagens, die noch auf dem Wasser waren, tief in den Boden ein. Die Pferde hatten jedoch glücklicherweise bereits auf dem Trockenen gestanden und zogen den Wagen mit knapper Not wieder heraus. Nun sah sich auch Markgraf Hans um, erblickte den Bauern und sagte:

»Dieses Mal habe ich dich mit hinübergenommen, aber probier's nicht wieder, sonst wird's kaum mehr so gut ablaufen.«

~~~

Einige Quellen erzählten diese Art von Geschichten vom Markgraf Karl, einem Vetter der Schwedter Markgrafen zur Zeit Friedrichs des Großen. Wieder andere Quellen schreiben diese Ereignisse dem sogenannten Suckow'schen Kammerherrn zu. Dies soll ein seinerzeit prominenter Vertreter aus der Familie der Arnims gewesen sein, die in sehr großer Zahl im südlichen Teil der Uckermark ansässig waren.

So war zum Beispiel ein gewisser Heinrich Alexander Freiherr von Arnim-Suckow ein preußischer Diplomat und Staatsmann, war ab 1823 preußischer Kammerherr, stand in persönlichem Verkehr mit Friedrich Wilhelm IV., der ihn 1840 zum Gesandten in Brüssel und 1846 zum Gesandten in Paris ernannte. Ab 1841 durfte dieser Suckow'sche Kammerherr außerdem den Titel Freiherr führen. Wer genau jedoch hierunter zu verstehen ist, scheint für immer an die Zeit verloren.

Dem Suckow'schen Kammerherrn soll ebenfalls einmal ein Bauer aus Flieth (heute: Gemeinde Flieth-Stegelitz) nachgefahren sein, als der Kammerherr so über das Wasser dahingebraust war. Auf dem Wasser sagte der Suckow'sche Kammerherr nichts, aber am nächsten Tag ließ er den Bauern auf sein Schloss bestellen und fragte ihn geradeheraus, wie er sich hätte unterstehen können, ihm einfach ungefragt nachzufahren.

»Nun«, sagte der Bauer, »da fahre ich ja schon länger als Sie, gnädiger Herr.«

»Soso«, sagte der Kammerherr, »es soll sich bald zeigen, ob du in der Tat auch solche Kunst verstehst.«

Der Suckow'sche Kammerherr hieß den Bauern, am folgenden Tage wieder auf das Schloss zu kommen. Als nun der Bauer sich eingefunden, setzte man ihm Fische vor. Der Kammerherr schälte das Fleisch fein säuberlich von seinen Fischen ab, sodass Kopf und Gräten unversehrt blieben. Dann legte er diese wieder ins Wasser und mit einem Mal waren die Fische wieder lebendig und schwammen lustig davon. Nun forderte er den Bauern auf, dasselbe ihm nachzumachen.

»Ach«, sagte der Bauer, »das ist ja keine große Kunst, gnädiger Herr.«

Der Landwirt nahm einen Fisch und biss diesen kurz und klein, dass auch nicht die kleinste Gräte heil geblieben war. Dann spuckte er den ganzen Klumpen in hohem Bogen ins Wasser und – siehe da! – auch sein Fisch war wieder quicklebendig und schwamm fröhlich davon. Da bemerkte denn der Suckow'sche Kammerherr, dass dieser Bauer mehr könne als nur Brot essen, und ließ ihn wieder in Frieden gehen.

~~~

Derartige Dinge und noch mancherlei weitere erzählte man sich vom Suckow'schen Kammerherrn. So hieß es zum Beispiel auch, dass auf seinem Schloss – vielleicht bis auf den heutigen Tag? – eine alte Bibel läge. Diese sei mit gewaltigen Ketten verschlos-
~~~

sen. Das sei unbedingt notwendig, denn darin befänden sich alle ***sieben*** Bücher Mose – und darunter eben auch die zwei, welche in den gewöhnlichen Bibeln fehlen. In diesen beiden Büchern, so behaupteten die Leute, seien die Zauberformeln vermerkt, die dem Suckow'schen Kammerherrn seine besonderen Kräfte verleihen sollten. Die Schrift des Buches sei aber schon ganz vergilbt und kaum noch lesbar.

Daraus habe der Suckow'sche Kammerherr also seine Kunst entnommen, auch wenn er einige Meisterstücke vom sogenannten Müller Pumpfuß gelernt haben soll. Das war ein Müller in der Gegend von Gramzow und einer der größten Tausendkünstler, die es jemals gegeben haben soll. Mit diesem Müller Pumpfuß soll der Suckow'sche Kammerherr auf folgende Weise zusammengekommen sein:

Der Suckow'sche Kammerherr fuhr einmal spät abends nach Hause zurück und als er an einen Hohlweg kam, wollten die Pferde partout nicht weiter. Sie waren vor einem dunklen Gegenstande stehengeblieben, der quer über dem Weg lag. Dieser Gegenstand aber war niemand anders als der Müller Pumpfuß.

Der hatte sich dorthin gelegt und tat nun, als höre er weder Wagen noch Pferde. Der Kutscher glaubte, es wäre ein Betrunkener, und stieg ab, um ihm auf die Beine zu helfen. Aber Müller Pumpfuß rührte sich nicht und machte sich steif wie ein Baumstamm. Nun wurde der Suckow'sche Kammerherr zornig. Er befahl dem Kutscher, wieder aufzusteigen und einfach über diesen Kerl drüberzufahren, wenn der denn gar nicht aufstehen wollte. Der Kutscher stieg auf, aber so viel er auch auf die Pferde lospeitschte, sie bewegten sich nicht vorwärts und der Wagen rührte sich keinen Zentimeter von der Stelle. Da endlich bemerkte der Kammerherr, dass der Wagen festgebannt war – denn das war auch so ein altes Zauberstück, von dem jeder schon einmal gehört hatte, der sich mit dererlei Kunststücken beschäftigte.

Der Suckow'sche Kammerherr hieß den Kutscher noch einmal vom Bock heruntersteigen und den Kerl fragen, wer er sei und was er wolle. Als er nun hörte, dass es der Müller Pumpfuß war, sagte er fröhlich, den habe er schon lange gesucht. Der Suckow'sche Kammerherr lud ihn ein, in seinen Wagen zu steigen und mit auf sein Schloss fahren – damit er ihn dort alles lehren könne, was er von der Zauberkunst wusste.

Das tat Müller Pumpfuß denn auch und so lernte der Suckow'sche Kammerherr alles von ihm, was er wissen wollte. Als er nun nach einiger Zeit glaubte, alle dunklen

Künste zu beherrschen, fragte er seinen Lehrmeister, ob der ihm auch wirklich alles, was er wisse, beigebracht habe. Müller Pumpfuß hatte kaum mit einem kurzen »Ja« geantwortet, als der Suckow'sche Kammerherr einen Scharfrichter kommen ließ, der Müller Pumpfuß den Kopf abschlagen sollte, damit er keinem anderen beibringen könne, was er ihm gelehrt habe. Müller Pumpfuß tat, als ginge ihn die ganze Sache gar nichts an.

Als der Scharfrichter nun zuhauen wollte und schon den Arm mit dem Beil hoch in die Luft gehoben hatte – siehe da! – blieben ihm plötzlich Arm und Beil in der Luft stehen, als seien beide dort festgenagelt. Da lachte Pumpfuß und sagte:

»Dieses eine Kunststück habe ich noch für mich behalten.«

Damit ging Müller Pumpfuß ungehindert und ungefährdet seiner Wege. Der Suckow'sche Kammerherr war schließlich nur noch froh, dass er den unberechenbaren Müller so ohne Weiteres losgeworden war.

Müller Pumpfuß werden wir übrigens an anderer Stelle dieses Buches wiedersehen. Sie dürfen jetzt schon gespannt sein.

Falls der lesende Mensch nun vielleicht denkt, es sei unglaubhaft, dass der Suckow'sche Kammerherr so undankbar und grausam wäre, dem Müller einfach so den Kopf abschlagen zu wollen – die Realität hatte diese Geschichte bereits geschrieben, wenn auch als weitere Legende: Zar Iwan der Schreckliche soll im Jahre 1561 Postnik Jakowlew, den Architekten der Basilius-Kathedrale gefragt haben, ob er in der Lage sei, nochmals eine so schöne Kathedrale zu bauen. Dieser soll daraufhin geantwortet haben, er könne eine noch viel schönere Kathedrale errichten – und um das zu verhindern, soll der Zar ihm die Augen ausstechen gelassen haben, damit er anderswo nichts von vergleichbarer Schönheit errichten konnte.

Der Krieg ist umsonst, denn er kostet das Leben
Teil I – Schweden, Franzosen und Russen in der Mark
Teil II – Der alte Fritz und die Schlacht bei Zorndorf

Kriege haben noch lange Zeit nach ihrem Ende deutliche Spuren hinterlassen, nicht nur in der Landschaft, in der Psyche und in den Militär-Budgets, sondern auch in der Sprache. So durfte Ihr geschätzter Autor während seiner Bundeswehrzeit in den Neunziger Jahren – nicht den 1790ern, auch nicht den 1890ern – noch eine sogenannte »Russenbirne« ausheben: ein Schützenloch, in dem sich ein einzelner Soldat während des Kampfes vor Artillerie- und Handwaffenfeuer schützen kann, in dem er sich hinkniet. Der einzige Schutz gegen Handgranaten sind Sehstörungen beim Werfer.

Wenn die Realität den Erdenbewohnern wieder einmal ein Trommelfeuer schlechter Nachrichten kredenzt, verwendet Ihr Autor gelegentlich das Wort »Stalinorgel«, eine umgangssprachliche Bezeichnung für den sowjetischen Raketenwerfer Katjuscha – dessen Bezeichnung ihrerseits wiederum ein Diminutiv des Vornamens Jekaterina ist. Die Stalinorgel hatte zwar Mängel beim Zielen, doch die immens schnelle Feuerzeit machte das Aufsuchen von Deckung sehr schwierig und die Stalinorgel zum Schrecken der Wehrmacht – und ihren Angehörigen.

Die Wehrmacht wiederum hatte massive Zerstörungen mit ihren Sturzkampfbombern verursacht, mit denen man hauptsächlich die Junkers Ju 87 verbindet. Als infernales Sahnehäubchen auf das bombastische Buffet waren viele Stukas mit sogenannten »Jerichotrompeten« ausgestattet. Das Gekreische dieser Jerichotrompeten ist synonym mit dem deutschen Luftangriff auf England und mit dem Zweiten Weltkrieg allgemein geworden. Dieses Geräusch zu kennen, sollte Pflichtteil jeder schulischen Ausbildung sein.

Und schließlich: Fliegende Insekten wurden – vor allem nachts im Schlafzimmer – in der Familie des Autors als »Stuka« bezeichnet.

Teil I – Schweden, Franzosen und Russen in der Mark

In vielen Teilen der Mark knüpfte sich an Erdwälle und dergleichen Anlagen lange Zeit die Bezeichnung »Schwedenschanze«. In der Volksüberlieferung sind aber sonst kaum mehr Erinnerungen aus dem Dreißigjährigen Krieg übriggeblieben als die von den Martern, mit denen die Schweden den armen Leuten ihr weniges Hab und Gut abgepresst hätten – oder die Angabe des Orts, an dem man es verborgen hatte.

Insbesondere lebten diese Erinnerungen im kollektiven Gedächtnis des Havellands und überhaupt im westlichen Teil der Mark fort, wo dies noch durch den Einfall der Schweden zur Zeit des Großen Kurfürsten in böser Weise aufgefrischt wurde. In der Altmark wusste man noch lange Zeit später, wie die Bauern sich damals unter ihrem Landeshauptmann, dem preußischen Generalleutnant Achaz von der Schulenburg, zusammengeschart hatten und sich Fahnen herstellten mit dem brandenburgischen Adler, unter welchem zu lesen war:

»Wir sind Bauern von geringem Gut
und dienen unserm gnädigsten Kurfürsten mit unserem Blut.«

Armut machte schon damals aus verzweifelten Menschen zu allem entschlossene. Sein eigenes Land zu verteidigen, ist eine ehrenvolle Angelegenheit und sollte von allen unterstützt werden – auch wenn die Bundeswehr oft wie eine Lachtruppe erscheint.

Die wirksamsten Mittel gegen Krieg sind nicht die große Bombe, das schnelle Flugzeug oder der entschlossene Kämpfer: Es sind eine funktionierende Wirtschaft und stabile Verbindungen zu den Nachbarn, es sind Menschen, welche den Frieden wollen und die bereit sind, Gemeinsamkeiten mit anderen Menschen zu betonen, anstatt sich auf die Unterschiede zu fixieren.

~~~

Im Havelland zeigte man noch die Horste im Luch, wohin die einzelnen Dörfer bei jenem Einfall ihr Vieh in Sicherheit gebracht hatten. Bei Rathenow wurde noch lange viel davon erzählt, wie der alte Derflinger die Schweden dort überfallen hatte.
~~~

Mit dem »alten Derflinger« ist vermutlich der spätere Kurfürstlich-Brandenburgische Feldmarschall Georg von Derfflinger (1606-1695) gemeint, möglicherweise aber auch sein Sohn, Generalleutnant Friedrich von Derfflinger (1663-1724).

~~~

Auch im Ländchen Bellin und im Ruppin'schen lebte noch manches aus jener Zeit im Volksmund fort. So soll hinter dem Tor der Kirche in Linum ein schwedischer General begraben sein. In Ruppin bezeichnete man am äußersten Wall, der um die Nordseite der Stadt ging, eine alte Eiche als die Stelle, von welcher der Große Kurfürst den nach Molchow und nach der Uckermark abziehenden Schweden nachgesehen hätte.

Im östlichen Teil der Mark hat vielfach die Erinnerung an die Franzosen die an die Schweden verdrängt. Man hörte hier meist bei einem Wall oder einer Verschanzung die Angabe, diese rühre noch aus der Franzosenzeit her.

Auch sonst erzählte man sich noch vielerlei aus jenen Jahren, aber alles hatte mehr einen vereinzelten, anekdotenartigen Charakter und gruppierte sich nicht zu größeren Bildern zusammen. An der Oder waren es die Russen und der alte Fritz, welche noch lange Zeit im Gedächtnis der Leute fortlebten. Verständlich, dass es davon noch heute manche bekannten Sagen gibt, die aber eher eine naive, volkstümliche Gestalt annehmen. Hier eine Probe davon:

Teil II – Der alte Fritz und die Schlacht bei Zorndorf

Es folgt der Originalton aus dem Band »Sagen und alte Geschichten der Mark Brandenburg« von Wilhelm Schwartz, auf heutige Rechtschreibung angepasst.

Mein Großvater Kessel, erzählte mir einmal ein Bauer, und der Vater meiner Mutter, der alte Segebart, sind mit bei dem alten Fritz gewesen. Sie haben den ganzen Siebenjährigen Krieg mit abgelaufen; der eine war Flügelmann auf der rechten Seite, das war der Segebart, der war groß. Kessel war aber nur klein, der stand immer am linken Ende.
~~~

Die haben oft, als ich noch ein Junge und zu Hause in Ladeburg war, davon erzählt. Einmal habe ich auch als Husar bei einem Bauer in Storkow jenseits Frankfurt in Quartier gelegen, der hat die ganze Gegend genau gekannt und gewusst, wie alles zugegangen war.

Bei Kunersdorf, da ist also der alte Fritz geschlagen worden. Ziethen (sollte Seydlitz heißen) hat auch gar nicht angreifen wollen, da hat ihm aber der Alte gesagt, er wolle sich wohl wieder schonen mit seinen Leuten. So hat er es denn doch getan, aber in dem Sumpf, in den sie geraten, sind viele Reiter bügellos geworden und sind, als die Feinde angerückt kamen, abgeworfen worden, sodass alles zersprengt worden ist.

Bei Zorndorf aber hat der alte Fritz einem Müller den Sieg zu verdanken gehabt. Der führte ihn durch eine Furt der Oder, sodass er unerwartet über die Feinde kam und sie schlug. Wie er drüben war, wollte der Müller fort.

»Nein«, hat der alte Fritz gesagt, »Väterchen, nu' bleibt man hier, Ihr habt mich hinübergebracht, nun müsst Ihr auch alles mitmachen.«

Wie alles vorüber gewesen, hat er ihn dann gefragt, was er zur Belohnung wolle. Da hat der Müller gesagt, wer er denn wäre, dass er ihm etwas verspräche.

»Ich bin dein König«, hat da der alte Fritz gesagt.

»Nun«, meinte der Müller, wenn er ihm denn etwas schenken wolle; er läge schon lange mit dem Förster um eine große Kiehne in Streit, welche er zu einer neuen Welle an seiner Mühle haben wolle. Die solle er haben, sagte der alte Fritz, ob er aber nicht sonst noch etwas wolle; er solle dreist bitten.

Da meinte der Müller, da möchte er, wenn er doch der König wäre, ihm seinen zweiten Sohn frei vom Militär geben, dass er diesem dann die Mühle übergeben könne. Das hat der König auch getan und ihm noch so viel Holz aus dem Forst angewiesen, als er für alle Zeiten zu seiner Mühle nötig hatte. Das ist alles geschehen, weil der Müller dem alten Fritz zum Siege verholfen hatte.

Kein Holz im Kopf

Der preußische Pfiff

Von Friedrich dem Großen wurde im 19. Jahrhundert in der Neumark erzählt, dass er – in einen alten Soldatenmantel gekleidet – öfter abends in der Residenz umhergegangen sei und die Wirtshäuser besucht habe, um zu sehen, was seine Soldaten dort angeben. Eines Tages traf er so einen Soldaten in einem Wirtshaus, der dort gehörig trank und ihn einlud, mitzutrinken.

Der alte Fritz ließ sich zwar etwas nötigen, gesellte sich aber zuletzt doch mit dazu. Allerdings gab der Soldat seinen Sold offenbar mit vollen Händen aus und der König schien etwas besorgt, als er den Zecher fragte:

»Kamerad, wo hast du denn das Geld her? Dazu reicht doch dein Sold nicht aus!«

»Ja«, sagte der andere, »wer den preußischen Pfiff nicht kannte!«

»Was ist denn das, der preußische Pfiff?«, fragte der alte Fritz erstaunt.

»Das kann ich dir nicht sagen«, entgegnete der er, »du könntest mich verraten.«

Diese Antwort machte den König gewaltig neugierig. Er bedrang den Soldaten und ruhte nicht eher, bis dieser ihm endlich das Geheimnis offenbarte.

»So höre denn«, begann der Soldat, »ich verkaufe alles, was sich verkaufen lässt. Es ist ja jetzt Frieden, was brauche ich zum Beispiel eine stählerne Säbelklinge – und schon ist die verkauft, siehst du?«

Damit zog er den Griff seines Säbels heraus und zeigte dem König dessen hölzerne Klinge. Dieser schien mit der Antwort zufrieden und ging seines Weges.

Der alte Fritz aber hatte sich das Gesicht des Soldaten wohl gemerkt und nach einiger Zeit hieß es, dieses und dieses Regiment solle vor dem Herrscher zur Parade antreten. Der König kam, ritt einige Male auf und ab – dabei scheinbar wie üblich die Truppen inspizierend – und als er den Kameraden von neulich aus dem Wirtshaus gefunden hatte, befahl er ihm und seinem Nebenmann hervorzutreten.

Nachdem der alte Fritz sich noch einmal genau davon überzeugt hatte, dass der eine auch wirklich der Mann ist, den er gesucht hatte, befahl er dem Kameraden mit dem preußischen Pfiff:

»Ziehe sofort deinen Säbel und haue deinem Nebenmann den Kopf ab.«

Der Soldat erschrak, fasste sich aber schnell und erwiderte:

»Ach, Majestät, warum sollte ich das wohl tun? Mein Kamerad Nebenmann hat mir ja nichts zuleide getan!«

»Zieh!«, rief der alte Fritz, »sonst soll dein Nebenmann dir den Kopf abschlagen!«

Nun blieb dem Mann mit dem preußischen Pfiff nichts anderes übrig. Er legte die Hand an den Griff, blickte zum Himmel und rief:

»Nun denn, wenn es nicht anders sein kann, so möge mich Gott vor Mord behüten und es so richten, dass meine Säbelklinge zu Holz werde.«

Und siehe da – als er den Säbel herausgezogen hatte, war die Klinge aus Holz. Friedrich aber lachte und sagte:

»Ich merke, du verstehst wirklich den preußischen Pfiff.«

Deutsche Eichen mit Sonderausstattung

Der alte Ziethen (auch: Zieten) als Hexenmeister

In den folgenden Sagen halten wir uns wieder wortgetreu an die Schilderung von Wilhelm Schwartz. Wir erinnern uns außerdem an das Datum seiner Verfassung und lesen, dass der Gymnasialdirektor zu Neuruppin sein Werk im Juli 1871 mit einem Vorwort versehen hat.

Juli 1871. Was für eine Zeit, Mensch im preußischen Rechtsvorgänger Deutschlands zu sein – vor allem als Monarchistin und Monarchist:

Das Demokratie-Experiment »Frankfurter Nationalversammlung« war nach Stuttgart geflohen, wo das Rumpfparlament am 18. Juni 1849 – nur rund ein Jahr nach seiner Entstehung im März 1848 – vom württembergischen Militär mit Waffengewalt aufgelöst wurde. (Können Sie sich vorstellen, dass heutzutage der Bundestag nach seiner erzwungenen Dienstreise nach Leipzig von unter der sächsischen Landesregierung kommandierten Milizen aufgelöst würde? Wenn ja, bitte schicken Sie Ihren Namen, Ihre Anschrift und Ihre Telefonnummer an verfassungsschutz@deutschland.de)

Endlich waren zunächst mit dem Deutschen Bund und dann dem Norddeutschen Bund würdige Nachfolger des Heiligen Römischen Reiches Deutscher Nation gefunden worden. Es folgte das Deutsche Kaiserreich, ein Sieg über die verhassten Franzosen und nun würde alles für immer gut werden. Im Juli 1871 ging Deutschland scheinbar wirklich »über alles«.

Vor diesem Hintergrund – erfolgreiche Kriege als wichtiges Mittel von Außenpolitik, Wirtschaft und Standortsicherung – ist die heute oft grotesk bis soziopathisch anmutende Leichtigkeit, mit der im 19. Jahrhundert das Thema Krieg behandelt wurde, vielleicht etwas verständlicher.

Ihr Autor hält es deshalb für wichtig, dass der joviale Ton der damaligen Erzählweise beibehalten wird. Krieg gehörte zum Leben dazu. Das ist ein Teil unserer gemeinsamen Vergangenheit. Kritik wurde nicht öffentlich geäußert – sondern bestenfalls kodiert in mündlichen Erzählungen ausgedrückt. Als Schwerter noch nicht zu Pflugscharen werden durften, wurden Generäle eben zu Hexenmeistern.

Deshalb ist auch sehr schwierig herauszufinden, um wen es sich bei »dem alten Ziethen« handelte. Im 17., 18. und 19. Jahrhundert gab es hierzulande mindestens ein halbes Dutzend hochrangige Militärangehörige namens Zieten, auf welche diese vage Beschreibung passen könnte. Es wird das Geheimnis des Sagenforschers Wilhelm Schwartz (und seiner Vorgänger) bleiben, dessen Version hier wie üblich so originalgetreu wie möglich für Sie wiedergegeben werden soll.

Heute weiß es noch ein jeder preußische Soldat, dass der alte Zieten ein Hexenmeister gewesen war. Er hat das oft bewiesen und darum konnte ihm auch keiner so recht was anhaben. Dass er einmal in Schlesien bei Ottmachau mit seinem Regiment mitten durch die Österreicher ritt, ohne dass auch nur einem Preußen ein Haar gekrümmt wurde, soll ihm zwar, wie viele meinen, nur allein dadurch geglückt sein, dass er seine Husaren die Dolmans (eine mit Schnüren besetzte Jacke der Husaren) umkehren ließ. Allein die Wahrheit ist, dass er die Österreicher verhext hatte. Das beste Stückchen aber, das er gemacht hat, ist Folgendes:

Einstmals traf er mit einer großen Armee von Österreichern und Russen zusammen. Er hatte zwar auch ein ziemlich großes Heer bei sich; aber der Feinde war zehnmal so viel. Seine Soldaten mochten daher mit Säbel, Bajonett und Kolben so viel dreinschlagen, wie sie wollten und konnten, und er mochte trommeln und blasen und stürmen lassen, es konnte alles nichts helfen. Als es gegen Abend kam, da musste er zur Retirade blasen und sein ganzes Heer zog sich zurück.

Das ging aber in guter Ordnung, denn der alte Zieten sagte den Leuten, sie sollten nur ganz ruhig sein. Er wollte ihnen dafürstehen, dass sie nichts zu befürchten hätten, wenn sie sich nur alle hübsch beisammen hielten – und sie wussten, was der Zieten ihnen versprach, darauf konnten sie sich verlassen.

So kamen sie nun über einen Berg, und wie sie den hinter sich hatten und sie unten ins Tal gekommen waren, ging eben die Sonne unter. Da kommandierte der Alte:

»Halt! Es rühre keiner ein Glied!«

Sie standen alle, Mann für Mann, wie eine Mauer und der alte General schlug ein Kreuz und murmelte einige Worte in seinen Bart. Die konnte kein Mensch verstehen, aber in demselben Augenblick war die ganze Armee in einen großen Wald von allerlei Bäumen verwandelt.

Der alte Zieten selbst kletterte auf einen Eichbaum und lachte im Stillen darüber, was nun kommen werde und wie der Feind sich werde anführen lassen. Es dauerte auch nicht lange, da kam der Feind in voller Hast vom Berg heruntergestürzt: Panduren, Kroaten, Kosaken und allerlei Gesindel, die meinten die Preußen nur so auffressen zu können.

Wie erstaunten sie aber, als sie keinen Feind mehr sahen und auf einmal in einem großen, dichten Walde sich befanden. Sie fluchten und tobten, dann jagten sie wütend voran, um jenseits des Waldes ihr Mütchen desto sicherer kühlen zu können. Dabei hieben sie denn in ihrer tollen Lust nach manchem Zweige, der ihnen im Wege hing.

Wie sie nun aber durch waren, stieg Zieten von seiner Eiche herunter, bekreuzte sich wieder und sagte einen anderen Spruch. Da waren mit einem Mal die Bäume verschwunden und die Soldaten standen wieder mit Sack und Pack da. Mancher hatte zwar von den Hieben in die Zweige ein Stück von seiner Nase oder seinen Zopf verloren, oder es taten ihm die Rippen weh, aber schwerer beschädigt war keiner. Ihren Kopf hatten sie alle behalten und darum machten sie sich aus den kleinen Verlusten auch nicht viel.

Sie konnten auch nicht einmal recht zur Besinnung kommen, denn der Alte kommandierte geschwind:

»Nun haben wir die Kerls! Nun vorwärts, Marsch!«

Und nun ging es in vollem Jagen, wie ein Donnerwetter dem Feind in den Rücken, sodass er mit Mann und Maus umkam oder gefangengenommen wurde. Der alte Fritz wollte sich nachher totlachen über den Witz, den der Zieten gemacht hatte.

Stichwort Totlachen: Ihr geschätzter Autor absolvierte im deutschen Herbst des Jahres 1992 seine Grundausbildung als Zeitsoldat der Luftwaffe. Er war jung und brauchte das Geld. Zu dieser Grundausbildung gehörte regelmäßig das Marschieren in Formation, bei dem exakt achtzig Zentimeter Abstand zum Vordermann einzuhalten waren.

Wenn der Zug nicht sauber in Reihe und Glied lief, was auf den Betonplatten der Kaserne deutlich am ungleichmäßigen Tritt zu hören war, bellten die Ausbilder:

»Links, zwo, drei, vier! Links, zwo, drei, vier! Achtzig Zentimeter Abstand zum Vordermann! Einundachtzig sind Fahnenflucht, neunundsiebzig sind [derbe Umschreibung für Homosexualität]! Links, zwo, drei, vier!«

Wenn dann der Tritt des Zuges, normalerweise rund dreißig, hier aber mehr als fünfzig Mann, endlich eine geschlossene Einheit bildete – was in der Tat auf Beton sehr beeindruckend klang, vor allem dann, wenn es an einem der hohen Kasernengebäude entlangging – so ließ sich manchmal die Stimme des Zugführers vernehmen:

»So ist das deutsch, Männer!«

Löffel nach Art des Hauses

Der alte Zieten kommt nicht in Verlegenheit

Schwartz schreibt weiter: »Es gab eine Menge Geschichten, in denen der alte Fritz mit Zieten seinen Spaß hatte und sich mit ihm neckte, wobei aber Zieten immer seinen Mann gestanden hatte. Diese Geschichten sind oft sehr herber Art und eine harmlose ist noch folgende.«

Der alte Fritz wollte einmal sehen, wie sich der alte Zieten helfen würde und befahl, es solle ihm kein Löffel zur Suppe hingelegt werden. Als sie nun bei Tisch saßen, und die Suppe aufgetragen wurde, sagte er zu Zieten, der ihm gegenübersaß:

»Nun lange Er zu! Aber ein Hundesohn, wer heute nicht alles aufisst!«

Zieten tat, als bemerke er die Absicht nicht, ihn in Verlegenheit zu bringen, sondern schnitt sich seelenruhig einen Löffel aus einer Kante Brot. Diese höhlte er aus und aß mit demselben seine Suppe. Als er fertig war, sah er sich lächelnd bei Tisch um und sagte:

»Mit der Suppe wären wir fertig, aber nun, meine Herrn, ein Hundsfott, wer nicht seinen Löffel aufisst!«, und damit aß er ruhig den seinigen auf.

Zieten und der alte Fritz waren auch immer zusammen und sind auch bald nacheinander gestorben. Der alte Zieten aber starb zuerst und hat Quartier gemacht.

›Von einem Bauern mit der Erbse getunnelt, Täubchen!‹

Der alte Fritz und der Bauer

Ja, so war der alte Fritz. Aber einmal, heißt es, ist doch ein Bauer über ihn gekommen. Der säte nämlich gerade Erbsen, wie der alte Fritz – es war in der Gegend von Potsdam – dazukam und ihn fragte:

»Na, werden sie kommen?«

»Tja«, sagte der Bauer, »wenn sie kommen, dann kommen sie nicht. Wenn sie aber nicht kommen, dann kommen sie.«

Die Antwort hat der alte Fritz sich aber nicht zurechtlegen können, soviel er sich auch darüber den Kopf zerbrochen hat. Der Bauer aber hatte an die Tauben gedacht, welche den gesäten Erbsen nachstellen, weshalb man diese auch auf die verschiedenste Weise gegen jene schütze und deshalb also gemeint:

»Ja, wenn sie – die Tauben – kommen, dann kommen sie – die Erbsen – nicht. Wenn sie – die Tauben – aber nicht kommen, dann kommen sie – die Erbsen.«

Kein Wahlrecht, keine soziale Mobilität – aber ein königlicher Kummerkasten

Die Bittschriften-Linde in Potsdam

Friedrich II. residierte in den Eckzimmern des Potsdamer Schlosses, die in Richtung der Teltower Brücke blickten. Von dort hatte er eine herrliche Aussicht auf die Havel und den Brauhausberg – und von seinem Schreibtisch konnte er mittels dreier Spiegel den Lustgarten, die Brücke und die ganze Umgebung des Schlosses überschauen.

Unter dem Fenster, welches der Brücke am nächsten war, befand sich eine alte Linde, welche noch heute die Bittschriften-Linde genannt wird. Der Grund dafür soll gewesen sein, dass derjenige oder diejenige sich diese Linde als Standpunkt zu wählen pflegte, wenn man ein Gesuch in die Hände des Königs zu bringen wünschte: Sah der König jemanden hier stehen, so schickte er gewöhnlich sogleich einen Diener hinab, um von diesem die Bittschrift entgegennehmen zu lassen.

Diese Art und Weise, Wünsche oder Klagen vor den König zu bringen, wurde aber nicht bloß von den Bewohnern der Stadt und ihrer Umgebung gewählt; sondern auch aus den fernsten Teilen des Landes sah man die Bittenden in ihrer heimatlichen Tracht unter dieser Linde stehen; sah, wie sie hoffend und fürchtend ihre Blicke zu den Fenstern des königlichen Arbeitszimmers hinauf richteten.

Die halb verwachsenen Narben, welche einige Fuß von der Erde ringsum in der Rinde des Baumes zu sehen waren, sollen von dem ganzen Zupfen und Kratzen stammen, womit die Bittsteller in der Unruhe ihres Herzens ohne böse Absicht den Stamm verwundeten.

~~~

An diese Linde hatte sich dann eines Tages ein schöner Volksglaube angeschlossen. Wenn jemand über die Erfüllung eines Wunsches so richtig in Sorge war, dann ging man um Mitternacht unter die Linde am Schloss und schaute hinauf zum Fenster:

Erscheine dieses dann – wie durch ein blasses, weißes Licht von innen heraus erleuchtet –, so sei dies ein Zeichen, dass der Wunsch in Erfüllung gehen werde. Ein Lichtschimmer aus dem Zimmer Friedrichs des Großen galt als das beste Vorzeichen.
~~~

Der alte Fritz in der Zwickmühle
Die Mühle von Sanssouci

Keine Geschichte vom alten Fritz ist aber so allgemein verbreitet wie die von der Mühle von Sanssouci. Wer aus der Mark und auch von weiter her nach Potsdam kommt, vergisst nicht, sich diese Mühle anzusehen.

Als nämlich der König das Schloss Sanssouci gebaut hatte, wird erzählt, störte ihn das Geklappere einer dicht danebenstehenden Mühle. Er ließ dem Müller sagen, er wolle sie ihm abkaufen – wie viel er denn haben wolle? Der Müller wollte aber nicht darauf eingehen. Da ließ der König ihn vor sich kommen.

»Hör' Er«, sagte der König, »seine Mühle stört mich, ich will sie Ihm abkaufen. Wie viel will Er denn dafür haben?«

Der Müller blieb aber dabei, dass er sie nicht verkaufen könne, es sei ein altes Familienerbe. Sein Vater und Großvater hätten schon die Mühle gehabt und er wolle sie auch seinem Sohn hinterlassen. Da wurde der König ärgerlich und drohte, er werde nicht viele Umstände machen. Er werde die Mühle abschätzen lassen, wie viel sie wert sei, und ihm dann das Geld geben.

Der Müller aber ließ sich nicht einschüchtern und meinte, das würde doch wohl nicht gehen – denn dann würde es ja in Berlin kein ordentliches und gerechte Urteile sprechendes Kammergericht geben.

Da lachte der alte Fritz und ließ den Müller gehen. Die Mühle aber soll noch am heutigen Tage dort zu finden sein.

Was hieran eine Zwickmühle für König Friedrich II. bedeutet haben soll, ist vielleicht nicht immer auf den ersten Blick zu erkennen. Schwartz war hier in der Tat ein wenig geizig beim Erzählen oder er hatte vermutet, dass die damals wohl hauptsächlich in Berlin und Umgebung anvisierte Zielgruppe mehrheitlich über diese Begebenheit im Bilde war – denn es liegt dieser Legende, wie üblich, eine wahre Begebenheit zugrunde: der sogenannte Müller-Arnold-Fall.

Diese Legende möchte offenbar mehrere Dinge zeigen:

1. Den Müller und die Mühle gab es wirklich.

2. Die Gerichte waren seinerzeit offenbar leicht beeinflussbar.

3. Der alte Fritz schien erpicht darauf, sich als »Mann des Volkes« zu gerieren, der im Zuge dieser Affäre tatsächlich folgende Dinge gesagt hatte:

»Von Seiten des Criminalcollegii werde über diese 3 Leute nach der Schärfe der Gesetze gesprochen und zum mindesten auf Cassation und Vestungsarrest erkannt, wobey ich auch gleich zu erkennen gebe, daß, wenn das nicht mit aller Strenge geschieht, Ihr sowohl als auch das Criminalkollegium es mit mir zu thun kriegen werden!«

~~~

Was damals vielleicht noch als volksnah durchgegangen war, wäre seit 1949 ein Verstoß gegen die Gewaltenteilung und eine einwandfreie Amtsanmaßung. Machte sich dieser Bock öfter derart selbst zum Gärtner, wäre auch eine Amtsenthebung nicht ausgeschlossen – und spätestens jetzt lachen diverse bayerische Ministerpräsidenten so laut, dass der Erdboden von unten erzittert.

~~~

3.

Sagen und Legenden von Jägern und Wäldern

»Hast du geholfen jagen, sollst du auch helfen knagen!«

Die wilde Jagd und der wilde Jäger

Eine allseits bekannte Sage, welche noch vor allen anderen aus der alten Heidenzeit stammt, ist die Sage vom wilden Jäger oder der wilden Jagd. Insbesondere ist sie mit waldreichen Gegenden verknüpft – genau solchen, wie es vor mehr als tausend Jahren in den Gebieten war, an denen sich heute Berlin und sein nahes Umland befinden.

Unter großem Heulen und Brausen zog dann die gespenstische Erscheinung meistens nachts durch die Luft. Man hörte lärmende Stimmen und zwischendurch das »Giff Gaff« oder »Kliff Klaff« der wilden Hunde. Es war ein Gejuchze und Gejauchze, dass einem die Haare zu Berge standen. Dabei flog den Hunden Feuer aus Maul und Nase und der wilde Jäger selbst erschien oft ohne Kopf, manchmal zu Fuß oder auch zu Pferd.

Man nannte die Erscheinungen gewöhnlich »der wilde Jäger« oder »die wilde Jagd«, doch in einzelnen Gegenden hatte man dafür noch andere Namen. So ließ man zum Beispiel bei Prenden (heute: Ortsteil von Wandlitz) im Barnimer Kreis den alten Sparr, den bekannten General aus der Zeit des Großen Kurfürsten, welcher dort in der Gegend ansässig gewesen war, mit der wilden Jagd ziehen. Im westlichen Teil der Uckermark war es der alte Schlippenbach.

Mit »dem alten Sparr« meinte man vermutlich den aus einer brandenburgischen Adelsfamilie stammenden Feldmarschall Otto Christoph von Sparr (1599/1608-1668). Mit Schlippenbach könnten eine Reihe ehemaliger Militärs und Politiker gemeint sein – vermutlich handelt es sich um denjenigen, der es seinerzeit am schlimmsten getrieben hatte.

~~~

Man wusste fast überall in der gesamten märkischen Gegend viel von der wilden Jagd zu erzählen. Ganz in der Nähe von Berlin hatte sie ein Knecht, der draußen in der Jungfernheide beim Vieh war, noch um das Jahr 1860 herum einmal hören können. Es war bis dahin eine stille Nacht gewesen. Kein Wind, nicht einmal ein Lüftchen. Mit einem Mal aber hörte es sich an, als wenn zwanzig schwere Wagen herbeirollten, erst auf der Erde, dann hoch in die Luft. Dazwischen tönte das Gegiff und Gegaff der Hunde und dann rief eine Stimme:

»Hierher!«

Plötzlich noch eine andere:

»Immer drauf!«

Es waren entsetzliche Stimmen, kehlig und tief, wie sie kaum ein Mensch zustande brachte. Auch das Vieh wurde ängstlich und drängte sich in einen Haufen zusammen. Doch die Erscheinung währte nicht lange und als die wilde Jagd vorbeigezogen war, blieb alles wieder still, als sei nichts gewesen.

~~~

Ein Junge aus Jänickendorf unweit Luckenwalde trieb eines Tages sein Vieh auf die Weide in der Nähe des Rennebergs. Da hörte er plötzlich eine wunderschöne Musik über sich, dazwischen aber das gewaltige Heulen und Bellen der Hunde und den Ruf der Jäger. Der Junge wusste offenbar, was zu tun war, hat sich still auf den Boden geduckt und die wilde Jagd ist über ihn hinweggezogen, ohne ihm etwas zuleide zu tun.

~~~

Nicht ganz so gut soll eine Frau im Blumenthal nordöstlich von Strausberg davongekommen sein. Wie denn überhaupt das Blumenthal eine ziemlich verzauberte Gegend gewesen ist – man denke an die dort untergegangene Stadt –, so hörte auch einmal eine Frau, als sie mit anderen eines Sommerabends vom Beerensuchen nach Hause kam, von fern ein lautes Hoho, Peitschengeknalle und Hundegebell.

Sie hatte im dortigen Wald noch nie einen derart schlimmen Lärm vernommen und sie fragte ihre Begleiter, was das wäre. Die erklärten ihr, es sei die wilde Jagd, und warnten sie zugleich, nicht näher heranzugehen. Die Frau aber war neugierig und wollte unbedingt den Zug, von dem sie schon so viel hatte erzählen hören, endlich einmal mit eigenen Augen sehen.

Als sie nur wenige Schritte vom Weg abgegangen war, wurde der Lärm immer gewaltiger. Die Frau sah sich um und das Pferd des wilden Jägers streifte sie an ihrer Schulter. Im nächsten Augenblick aber lag sie schon am Boden und auch ihr Topf mit all den schönen Beeren lag zerbrochen neben ihr auf der Erde.

~~~

Schlimmer jedoch ist es einem Mann bei Templin ergangen, der einmal der wilden Jagd begegnet war. An einem Silvesterabend hatte ein Spielmann in einem Dorf bei Templin zum Tanz aufgespielt und ging nach Mitternacht nach Hause.

Als er aber in den Wald gelangte, hörte er die wilde Jagd daherbrausen und weil er ein furchtsamer Mensch war, versteckte er sich hinter einem Eichenstamm. Das half ihm aber nicht viel, denn die wilde Jagd zog mit einem Mal zur Erde hinunter, kam immer näher und näher und im nächsten Augenblick stürzte einer der wilden Jäger auf den Eichenbaum zu und rief:

»Hier will ich mein Beil hineinhauen!«

In demselben Augenblick bekam der Spielmann einen gewaltigen Schlag auf den Rücken. Außerdem fühlte er eine große Last darauf, sodass er eilig und voller Angst davonlief. Erst in seinem Haus machte er wieder halt und wurde nun zu seinem Schrecken gewahr, dass er einen großen Buckel bekommen hatte.

Das machte ihn sehr betrübt und am nächsten Morgen lief die ganze Nachbarschaft zusammen, um das Wunder zu sehen. Zuletzt kam ein Mann, der dem Spielmann riet, er solle sich in genau einem Jahr um dieselbe Stunde wieder hinter demselben Eichenbaum verstecken – und so werde ihm geholfen werden.

Obwohl er anfangs wenig Zuversicht hatte, dass das Gesagte eintreffen werde, ging der Spielmann um die Mitternachtsstunde wieder zu dem bezeichneten Baum. Es dauerte nicht lange, da kam auch schon die wilde Jagd herangezogen und derselbe Jäger wie damals stürzte auf den Eichenbaum zu. Dieses Mal aber rief er:

»Hier hab' ich vor einem Jahr mein Beil hineingehauen, hier will ich's auch wieder herausziehen!«

Im selben Augenblick gab es im Rücken des Spielmanns einen gewaltigen Ruck – und weg war sein Buckel.

~~~

Es war damals allgemein bekannt, dass man auf gar keinen Fall in das Halloh der wilden Jagd einstimmen oder ihr nachrufen solle, denn sonst werfe der wilde Jäger eine Pferdekeule (auch: Pferdelende) herab mit folgendem Ruf:

»Hast du mitgeholfen jagen,
musst du auch mithelfen knagen.«

Diese Pferdekeule konnte man nicht wieder loswerden. Sie war einem auf dem Rücken festgebannt oder roch so übel, dass sie das ganze Haus mit Modergeruch erfüllte.

~~~

Manchmal wurde sogar eine Menschenlende heruntergeworfen. Das war einem Mann bei Prenden passiert. Dort war – wie schon oben erwähnt – der alte Sparr mit der wilden Jagd unterwegs. Als der übermütige Bauer in das Halloh mit einstimmte, kam eine Menschenlende heruntergeflogen und ehe er sich versehen hatte, saß sie ihm auf dem Rücken. Im selben Moment rief eine Stimme:

»Hast du helfen jagen,
Sollst du auch helfen tragen.«

Selbst wenn man sich sicher unter dem eigenen Dach wähnte, konnte die wilde Jagd einem etwas antun. So geschah es einmal einem Herrn von Arnstädt in Groß Kreutz bei Brandenburg. Der lag an diesem Abend bereits gemütlich in seinem Bett, als er die wilde Jagd vorbeibrausen hörte.

Er war ein gar lustiger und übermütiger Mann und rief darum zum Spaß hinaus:

»Halb Part!«

Kurze Zeit später schlief er ein und erwachte erst am Morgen wieder. Aber wie war er verwundert, als er die Augen aufschlug: Dicht vor seinem Fenster hing eine große Pferdekeule an einem noch größeren Haken.

Von solcher Jagdbeute hatte er nun freilich nicht der Halbpartner sein wollen und darum ließ er sie schnell wegbringen. Kaum aber war das geschehen, hing sie auch schon wieder da.

Das kam ihm doch zu sonderbar vor und er dachte sich, vielleicht liege es an dem Haken. Der Mann gab den Befehl, den Haken herauszuziehen und obgleich es die damit beauftragten Männer große Mühe kostete, schafften sie es gerade so, ihn endlich aus der Wand zu ziehen.

Doch war der Haken gerade erst herausgezogen und man hatte ihm den Rücken gewandt, so saß er auch schon wieder so fest in der Wand wie zuvor. Auch die Pferdekeule hing wieder da – und so mag sie wohl auch heute noch dort hängen.

~~~

Ganz ähnlich erging es auch einem Bauern aus Schönermark in der Uckermark. Als der Bauer einmal des Abends mit seinem Wagen aus Schapow zurückkam und beim sogenannten Weinberg vorbeifuhr, sah er den alten Schlippenbach – der dort, wie ebenfalls oben bereits erwähnt, mit der wilden Jagd herumgezogen sein soll – mit all seinen Jägern und vielen fremden Herren an großen Tischen sitzen.

Auf den Tischen standen Braten und allerhand Gebäck in Hülle und Fülle. Es wurde gegessen und getrunken nach Herzenslust, man spielte Karten und der alte Schlippenbach hatte gerade den Stapel in der Hand und teilte jedem der Reihe nach aus. Als der Bauer das sah, sagte er:

»Spielt's gut, meine Herren?«
~~~

Da blickte der alte Schlippenbach auf, sah den Bauer an, ergriff eine große Gabel und reichte ihm eine Ochsenkeule, indem er sagte:

»Hast du mithelfen spielen,
musst du auch mithelfen essen.«

Der Bauer aber fiel vor Schreck rücklings in seinen Wagen und war wie halbtot, als die Pferde mit ihm auf seinem Hof in Schönermark ankamen. Erst allmählich kam er wieder zu sich und konnte seiner Familie erzählen, was ihm geschehen war.

~~~

Es war übrigens kein gewöhnliches Wild, was der wilde Jäger jagte, sondern ebenfalls eine eher gespenstige Art. Das hatte einmal ein Pferdeknecht in Priort (heute: Gemeinde Wustermark) im Havelland erfahren müssen. Der war gerade des Nachts in der Koppel und diese lag an einem Kreuzweg. Plötzlich kam eine Frau eilig dahergelaufen und bat ihn, er möge sie doch über den Weg bringen. Damals wusste jeder, dass Geister einen Kreuzweg nicht so leicht passieren konnten.

Anfänglich wollte der Pferdeknecht es nicht tun, aber da die Frau ihn so flehentlich bat, ließ er sich erweichen und tat es. Als die nun über der Kreuzweg hinweg war, lief sie so eilig fort, wie sie nur konnte – und wurde in wundersamer Weise immer kleiner und kleiner, bis sie zuletzt nur noch auf den Knien zu laufen schien.

Gleich danach aber kam der wilde Jäger mit seinen Hunden daher und verlangte von dem Hirten, auch über den Kreuzweg gebracht zu werden. Er jage nun schon seit sieben Jahren nach jener Frau und wenn er sie in dieser Nacht nicht bekäme, so sei sie erlöst.

Der Pferdeknecht wollte es sich nicht mit dem wilden Jäger verderben und brachte ihn samt seinen Hunden ebenfalls über die Kreuzung hinüber. Es dauerte nicht lange, bis der wilde Jäger schon wieder zurückgeritten kam – und die Frau quer vor sich auf dem Pferd liegen hatte.

~~~

Ähnliches erzählte man sich an verschiedenen Orten. So soll es unter anderem ebenfalls einem Bauern in der Nähe passiert sein – mit Frau, Kreuzung und Hinübertransportieren. Diesem Bauern allerdings hatte der wilde Jäger als Dank dafür, dass er ihn über den Kreuzweg gebracht hatte, ein Stück von einer Pferdekeule abgeschnitten, es auf den Wagen geworfen und ihm zugerufen, davon solle er sich morgen eine Suppe kochen. Als der Bauer nach Hause kam und das Stück seiner Frau geben wollte, war er sehr erstaunt – denn die Keule hatte sich in einen Klumpen reinen Goldes verwandelt.

~~~

Der wilde Jäger soll verwünscht sein, ewig zu jagen, weil er zu Lebzeiten von seiner Jagdlust besessen gewesen war. Manche Quellen sagten, der Jäger habe sich damit gebrüstet, er wolle Gott seinen Himmel wohl lassen, wenn er selbst jederzeit jagen könne.

Andere sagen, er hätte am Weihnachtstag, am Karfreitag oder an einem Sonntag während der heiligen Messe gejagt. Der Jäger habe sich geschworen, er müsse an dem Tage einen Hasen haben – und sollte er dafür ewig zu jagen haben! Wegen dieses Frevels muss er nun tatsächlich für immer jagen.

›Ich bin der Geist, der stets erschreckt. Buh!‹

Der gespenstische Wagen im Grunewald

Das Geistersehen soll schon in den vergangenen Jahrhunderten eine eigene Sache gewesen sein. Es gab angeblich viele Menschen, die Geister sehen konnten, aber nicht alle in gleicher Weise. Der eine konnte es bei Tag und Nacht, ein anderer nur bei Nacht und mancher auch wieder nicht so oft wie ein anderer. Hiervon berichtete zum Beispiel die Sage von drei Fischern.

Kühne, Grunnow und Tübbecke waren einmal von Tiefwerder aus aufgebrochen, um im Grunewalder See zu fischen. Tübbecke schob die Karre, Grunnow zog sie und Kühne ging so ein Ende hinterher. Es war Herbst, noch ganz früh und sehr dunkel.

Plötzlich sah Kühne auf einmal ganz deutlich in der Dunkelheit einen mit Pferden bespannten Wagen vorbeifahren und auf diesem Wagen saßen zwei Männer. Aber der Wagen klapperte nicht. Die Räder knarrten nicht, die Hufe der Pferde trappelten nicht und auch die Männer sprachen nicht. Vollkommen lautlos zog alles vorbei.
~~~

Kühne hatte gleich begriffen, dass es Geister gewesen waren. Er traute sich aber nicht zu sprechen, weil es noch dunkel war. Als es endlich heller wurde, fragte er die anderen, ob der Wagen bei ihnen auch so still vorbeigefahren wäre. Grunnow und Tübbecke aber wussten von nichts – sie hatten überhaupt keinen Wagen gesehen, obwohl sie sonst ebenfalls Geister sehen konnten.

~~~

Im Grunewald soll es in den vergangenen Jahrhunderten viele Stellen gegeben haben, an denen es – wie man es im Volksmund auszudrücken pflegte – nicht ganz richtig gewesen sein soll. Vor allem aber spukte es im Grunewalder Schloss.

Die uns bereits oben begegneten drei Fischer Kühne, Grunnow und Tübbecke waren einmal zur Herbstzeit im Schloss gewesen und hatten sich, nachdem sie bis spät am Abend gefischt hatten, müde im Seitengebäude in einem eine Treppe aufwärts gelegenen Zimmer zum Schlafen hingelegt.

Sie hatten sorgfältig beide Türen verschlossen, sowohl die unten an der Treppe, als auch die oben vom Treppenflur in das Zimmer führende. Auch die dritte Tür, welche in die angrenzende Kammer führte, war fest verschlossen. Ohne die zugehörige Klinke waren die Türen unmöglich zu öffnen.

Als alle drei nun im tiefen Schlaf lagen, kam ein deutlich vernehmbares »trott, trott« die hölzerne Treppe herauf, die Stubentür flog auf und mit einem lauten Sausen stürzte etwas durch die Stube. Die Kammertür öffnete sich und heulend wie ein Sturmwind zog das Etwas in die Kammer hinein. Danach war es wieder völlig still im Zimmer.

Einige Zeit kündigte sich ein neues Geräusch an: Mit einem Mal fuhr etwas aus dem Schlot und polterte den Ofen hinab. Wieder war danach alles still.

Die Männer aber waren gleich aufgewacht. Sie zitterten und bebten vor Entsetzen. Eiskalt fuhr es ihnen durch Mark und Bein, keiner wagte es aufzusehen, sondern alle zogen sich ihre Mäntel über die Gesichter, als es bei ihnen vorbeiging.

Als aber das Toben und Poltern im Ofen vorüber war, fuhren alle drei wie auf Kommando in die Höhe und im Nu – sie wussten später selbst nicht mehr wie – waren sie die Treppe hinuntergelaufen und über den Hof in die Kutscherstube gestürzt. Erst dort wagten sie aufzuatmen.
~~~

Ein anderes Mal passierte Ähnliches, als sie in der Kutscherstube selbst schliefen. Da öffnete sich plötzlich die Tür vom Pferdestall und der Kutscher kam zitternd zu ihnen in die Stube. Hinter ihm raste es wie ein Wirbelwind, etwas riss die Flurtür auf und fuhr durch den schmalen Flur zum Hof hinaus.

Als die drei zum Fenster eilten, sahen sie mit Schrecken, wie es im Mondschein wild auf dem Hofe und an den Wänden der Gemäuer herumzuckte und herumtobte. Es war eine Erscheinung, ganz wie die wilde Jagd – und ganz deutlich war eine weiße Gestalt zu erkennen, die inmitten dieses Treibens herumstürmte.

Derartiges wollten viele Leute, die sich dort regelmäßig aufhielten, öfter erlebt haben. Insbesondere soll der alte Kellermeister – der seinerzeit auf dem Bild am Eingang abgebildet war – nachts um zwölf Uhr oft in seiner Geistergestalt die große Wendeltreppe des Schlosses herabkommen sein und dabei mit den Schlüsseln geklappert haben.

Auch begannen manchmal die alten, großen Bratspieße unten in der gewölbten Küche sich wie von selbst zu drehen.

~~~

Einer der Erzähler erklärte sich die Erscheinungen damit, dass die Toten, welche hier früher zu den Zeiten der alten Kurfürsten gelebt hatten, noch nicht vollständig zur Ruhe gekommen seien.

Damals sei auch manches noch geschehen, was heute nicht mehr vorkomme. So soll in einem Zimmer des südlichen Flügels einmal jemand eingemauert worden sein. Einige meinen, es sei die schöne Gießerin Anna Sydow gewesen – die ihrerseits eine Geliebte von Kurfürst Joachim gewesen war – und deren Geist nun noch hier spuke.

Andere behaupten, es sei eine Hofdame, welche der Kurfürst geliebt habe, und die seine Gemahlin während seiner Abwesenheit lebendig dort habe einmauern lassen.

Wunderlich sah die Stelle allerdings allemal aus, zumal sich eine kleine Wendeltreppe im oberen Stock gerade an sie anschloss – und früher von dort auch nach unten geführt zu haben scheint. Spötter meinten abfällig:

»Wer weiß, ob da überhaupt etwas eingemauert ist und die Treppe nicht einfach abgebrochen wurde und die Stelle deshalb zugemauert ist?«

Eine Antwort auf diese Frage kann kein Lebender mehr geben.
~~~

Ein himmlisches Duett
Der Sackpfeifer und der Wolf

Als es noch Wölfe in der Mark gegeben haben soll, habe sich eines Tages folgende – dieses Mal eher kurzweilige – Geschichte bei Spandau zugetragen. Die beiden Chronisten Johann und Bernhard Beckmann beschrieben es bereits in ihrem Werk «Historische Beschreibung der Chur und Mark Brandenburg nach ihrem Ursprung, Einwohnern, natürlichen Beschaffenheit, Gewässer, Landschaften, Stätten, geistlichen Stiftern.» aus dem Jahre 1751:

Da man nämlich, um die Wölfe zu fangen, hin und wieder gewisse Wolfsgruben gemacht, welche unten weit, oben aber etwas enger mit glatten Brettern ausgelegt sind. So ist ein Sackpfeifer, der in Spandau von seinem Gewerbe sich einen Trunk zugute getan, des Weges gekommen und in eine solche Wolfsgrube hineingefallen. Er war aber sehr verwundert, als er gewahr wurde, dass die Stelle schon mit einem Wolf besetzt gewesen war, welcher dazu über diese hastige Zusprache etwas beunruhigt wurde und sein Missfallen mit Weisung seiner Zähne zu verstehen gegeben hatte.

Hierüber hätte der verirrte Musikus sich nun wohl einige verlegene Gedanken machen sollen; allein der noch frische Rausch hat ihm einen so guten Mut zugesprochen, dass er seine Sackpfeife zur Hand nahm und dem Wolf eins vorspielte. Dieser wiederum sei auch nicht faul gewesen und habe mit seiner durchdringenden Stimme dem Konzert einen guten Nachdruck gegeben und die Sackpfeife begleitet.

Wobei jedoch der Sackpfeifer nach seinen Pausen von der Instrumental zur Vokal-Musik geschritten und bald ein Adagio, bald ein Presto, endlich auch ein Lamento angestimmt und die Jäger solchergestalt hinzugebracht hatte, welche ihn von dem gefährlichen Bassisten zu befreien imstande waren.

4.

Sagen und Legenden von Hexen und Zauberern, von Riesen und Zwergen

Ein riesiges Vermächtnis

Die Riesen in der Mark

Nach alter deutscher Sage heißt es, dass es in der Zeit vor den Menschen Riesen und Zwerge auf Erden gegeben habe. Auch von der Mark Brandenburg berichtet diese Sage.

An einem damals als Wandelis-See (heute vermutlich: Wandlitz) bekannten Gewässer etwa fünf Kilometer nördlich von Berlin lag zum Beispiel ein gewaltiger Stein auf dem Stolzenhagener Feld. Dieser Stein ragte noch etliche Meter in die Erde hinein, hatte oben aber einen Eindruck, wie von einer sehr starken Männerhand hinterlassen. Wie man in einer damals Wandelis genannten Ortschaft erzählte, hatte der Stein früher diesseits des Sees gelegen. Eines Tages wäre einmal ein Riese des Weges gekommen und habe sich an demselben gestoßen. Ganz ärgerlich rief er:

»Hebb ik mii stooten an miine groote Teh,
Will ik dii ook smeeten ööwer de Wandelitzsche See!«

Damit ergriff er den großen, schweren Stein und schleuderte ihn über den See, dass er dort hinfiel, wo er heute noch liegen soll. Dort, wo der Riese zugegriffen hatte, waren seine Finger in den Stein gedrückt und diese fünf Löcher sollen sich noch bis auf den heutigen Tag erhalten haben und seien deutlich am Stein zu sehen.

~~~

Felsblöcke, die von den Riesen herrühren sollen, finden sich noch zahlreich auf den Feldern des Havellandes und der Uckermark. Man sagte zum Beispiel, ein Riese habe damals eine der ältesten Kirchen im Lande, entweder den Dom in Havelberg oder zu Brandenburg, manche sagen die Marienkirche in Prenzlau, mit einem solchen Stein einwerfen wollen. Aber der Stein sei ihm aus der Hand geglitten und liege nun noch immer an der Stelle, an welcher er vor vielen Jahrhunderten zu Boden gefallen sei.

An vielen dieser Steine soll man noch die Spuren der Finger erkennen können, wo der Riese zugegriffen habe. So auch an dem Stein, der dicht vor Brandenburg am Exerzierplatz liegt.

Südlich von Berlin liegen ebenfalls viele solcher Steinblöcke bei den Dörfern Ziethen, Selchow und Ropis. Dort sollen nämlich Riesen gewohnt haben, welche mit den Riesen von den Müggelsbergen in Kampf gelegen hatten. Die Müggelsbergischen hätten diese Steine herübergeworfen.

~~~

Sogar für das Entstehen von Bergen sollen die Riesen verantwortlich sein. Es liegt zum Beispiel im Havelland zwischen Roßen und Landin ein kleiner Hügel, den man Riesenberg nannte. Dort wollte nämlich ein Riese vor langer Zeit einen in der Nähe befindlichen kleinen See eindämmen, weil der ihm unbequem war. Deshalb trug er eine große Menge Erde in seiner Schürze herbei – aber als er in die Gegend zwischen den beiden

Dörfern gelangte, riss ihm das Schürzenband, die ganze Erde fiel zu Boden – und so entstand zwischen den genannten Dörfern der Riesenberg.

~~~

Im pohlschen Luch liegt ebenfalls ein Berg, der sich kegelförmig aus der ihn umgebenden Niederung erhebt. Außerdem befindet sich dort obenauf ein tiefes Loch. Dieser Berg stammt gleichfalls von den Riesen – oder Hünen, wie sie auch genannt wurden. Man nannte ihn den Teufelsberg. Auf dem hohen Rott wohnte ein Hüne und auf den rüthischen Bergen ein Hünenmädchen. Weil sich aber zwischen beiden Höhen das große Luch befand, musste der Riese immer einen großen Umweg machen, um auf den rüthischen Berg zu gelangen.

Eines Tages hatte das Hünenmädchen eine Idee: Sie nahm eine Schürze voll Erde, tat einen mächtigen Schritt in das Luch hinein und ließ die Erde fallen. Nun konnte der Hüne vom Rott mit zwei Schritten zu ihr hinüberkommen. An der Stelle, wo er mit dem einen Fuß auf dem Teufelsberg getreten war, entstand das tiefe Loch, das noch heute auf dem Berg zu sehen sein soll.

~~~

Auch in der Uckermark am Paarsteinschen See wohnten solche Riesen. So sollen die beiden Landzungen zwischen Brodowin und Bölkendorf von einem Riesenmädchen herrühren, welches hier einen Damm herüber bauen wollte und ein paar Schürzen Erde herbeischleppte. Als sie aber mit der dritten Schürze angelaufen kam, fiel sie nieder und brach sich ein Bein. Die stattliche Ansammlung Erde in ihrer Schürze aber fiel dabei mitten in den See und es entstand die Insel, welche heute noch in der Nähe jener Landzungen zu sehen ist.

~~~

Man erzählt übrigens hier in der Gegend um Berlin, die Riesen seien so groß gewesen, dass sie, wenn sie ihre Schweine austreiben wollten, die größte Buche oder Eiche aus dem Wald ausgerissen und als Rute gebraucht hätten.

~~~

Einmal soll ein Riesenmädchen nahe Berlin einen Bauer samt Pflug und Ochsen wie ein Spielzeug in ihre Schürze gepackt und aus Verwunderung zu ihrem Vater gebracht haben. Der Vater aber habe ihr befohlen, sie solle alles wieder hintragen, wo sie es gefunden hatte: Dies seien die Erdwürmer, welche nach ihnen kämen, und – so klein sie auch seien – alle Riesen nach und nach vertreiben würden.

Nach anderen Quellen war dies bei dem Dorf Rietz (heute: Rietz-Neuendorf) unweit Brandenburg geschehen. Dort allerdings hatte das Hünenmädchen, nachdem sie den Bauern samt Pflug und Ochsen wieder zurück an seinen Ort getragen hatte, den Rietzer Berg aufgeschüttet, damit die Vertreiber nicht allzuschnell nach Rietz kommen könnten, und der damals von ihr schnell mit ein paar Händen voll Erde aufgeschüttete Berg sei noch am heutigen Tage an derselben Stelle.

~~~

Die Riesen hatten manchmal Könige als Herrscher. So erzählt man sich wenigstens von ein paar Gräbern, in denen einer der ehemaligen Riesenkönige bestattet sein soll. Eines liege bei Kemnitz in der Nähe von Pritzwalk, eines bei Zühlen unweit von Rheinsberg und ein anderes bei Rotzis im sogenannten Hünenberg.

Dort sei im Kampf gegen die Müggelsberg'schen Riesen der Riesenkönig gefallen. Danach habe man ihn dort im Hünenberg bestattet. Seine Gebeine seien in einen goldenen Sarg gelegt worden, der wiederum in einen silbernen und dieser dann schließlich in einen eisernen. Es sollen schon viele Leute versucht haben, den Schatz auszugraben – aber bis heute hat ihn noch niemand gefunden.

Viele, viele Patachons zu den Brandenburger Pats

Die Zwerge oder Unterirdischen

Man erzählte sich schon lange, dass es außer den Riesen damals auch Zwerge auf Erden gegeben habe. Diese seien so klein gewesen – so hieß es in Liepe bei Rathenow –, dass neun Zwerge in einem einzigen Backofen hätten dreschen können.

Unter der Rüster (alte Bezeichnung für: Ulme) am Hause des Küsters sollen sie dort ihren Ein- und Ausgang gehabt haben – und weil sie sich gewöhnlich unter der Erde aufhielten, nannte man sie allgemein auch: die Unterirdischen. Manchmal sollen sie
~~~

auch in alten oder bereits verfallenen Gebäuden gewohnt haben, wie zum Beispiel in den Kellern des alten Klosters Chorin.

~~~

In diesen Klosterkeller hatten die Zwerge einmal einen Bötticher (auch: Böttcher, Küfer oder Büttner) mit hinuntergenommen, damit er ihnen neue Bänder um ihre Fässer legen könne. In der Nacht zuvor war es ihm vorgekommen, als sei er mehrere Male von einer dünnen Stimme gerufen worden, ohne dass er jedoch eine Menschenseele habe sehen können: Er solle sich mit seinem Handwerkszeug zu einer bestimmten Stunde an einer bestimmten Stelle einfinden.

Als der Bötticher zu der bezeichneten Stelle kam, fand er dort ein kleines Männchen, das ihn freundlich ansprach. Es würde ihm kein Leid geschehen, er brauche bloß ein paar Dinge seines Handwerks zu verrichten, um die man ihn bitte. Das Männchen verband ihm die Augen und bat ihn, mit hinunter zu kommen.

Der Bötticher bemerkte nur, dass man durch einen langen Gang ging. Als man nun am Ziel war und ihm die Binde abgenommen wurde, befand er sich in einem geräumigen Keller, in dem eine Menge solcher kleinen Leute mit den verschiedensten Dingen beschäftigt waren. Niemand der Unterirdischen sprach jedoch ein Wort.

An den Wänden standen zwölf große Fässer und man bedeutete ihm, an diese nun neue Bänder zu legen. Danach erhielt er die Erlaubnis, von jedem der zwölf Goldhaufen, die bei den Fässern lagen, einen Teil als Bezahlung mitzunehmen. Danach wurde er auf demselben Weg zurückgeführt, wie er gekommen war und schon bald befand er sich wieder an der Stelle, wohin ihn die nächtliche Stimme gerufen hatte.

Der Bötticher rieb sich die Augen. War das alles tatsächlich Wirklichkeit gewesen? Dann griff er in seine Tasche – und fand dort das Gold, das er von den zwölf Goldhaufen als Bezahlung hatte nehmen dürfen.

~~~

Mit den Zwergen hing auch die Geschichte eines Rings zusammen, der sich seit vielen Jahrhunderten im Besitz der Familie von Alvensleben in der Altmark befand. Man erzählte sich außerdem, dass das Glück dieser Familie an diesen Ring geknüpft gewesen sein soll – und wie sie in den Besitz desselben gekommen war, berichtet man folgendermaßen: Einigen Quellen zufolge soll die Ahnmutter der Familie von Alvensleben einmal zu den Unterirdischen geholt worden sein, um einer Wöchnerin beizustehen. Die Ahnmutter sei nachts von einem Mädchen, das sie mit einer Leuchte von zuhause abholte, zu den Unterirdischen geführt worden. Nachdem die Ahnmutter – wie es ihr befohlen worden war – nichts von den gebotenen Geschenken angenommen hatte, habe sie den Ring empfangen dürfen.

~~~

Manche Leute erzählten die Sage etwas anders: Die Frau von Alvensleben soll nämlich selbst ein Kind bekommen haben. Als sie nun eines Nachts wach im Bett lag und an des Kindes wie auch der Familie Zukunft dachte, kamen die Unterirdischen zu ihr.

Es ertönte plötzlich eine wunderschöne Musik, die Tür ging auf und ein Zug ganz kleiner Leute trat herein. Ein Paar näherte sich unter vielen Verbeugungen ihrem Himmelbett und bat sie um die Erlaubnis, in dem Raum unter dem Ofen eine Hochzeit feiern zu dürfen. Der Ofen stand nämlich auf vier hohen Füßen, wie es seinerzeit in der Altmark Brauch war.

Die ganze Sache kam der Frau von Alvensleben zwar etwas sonderbar vor, aber weil sie keinen Grund sah, sich vor den freundlichen kleinen Leuten zu fürchten, willigte sie ein. Danach hörte die Frau die ganze Nacht hindurch, wie stets dieselbe, wundervolle feine Musik vom Ofen her erklang, zu der die Unterirdischen ihre Feierlichkeit abhielten.

Als der Tag heranzuziehen begann, kamen die beiden kleinen Leute wieder an ihr Bett und überreichten ihr unter vielen Danksagungen und Verbeugungen jenen Ring – sie solle ihn sorgsam und sicher aufbewahren, denn so lange der Ring in ihrer Familie bewahrt werde, werde auch das Glück nicht von ihr weichen.

Darauf verschwand der gesamte Zug kleiner Leute auf demselben Weg, wie er gekommen war. Am nächsten Morgen kam es der Frau zunächst vor, als sei alles nur ein Traum gewesen. Dann jedoch fühlte sie nach dem Ring und fand ihn genau dort, wo sie ihn nach ihrer Erinnerung hingelegt hatte. Dieser Ring soll noch heute im Besitz der von Alvensleben'schen Familie sein und alle Zeit sorgfältig aufbewahrt werden.

~~~

In ähnlicher Weise hatten die Unterirdischen früher vielfach freundlich mit den Menschen verkehrt. Doch man fürchtete die Zwerge in manchen Gegenden, weil sie die ungetauften Kinder stahlen und ihre Wechselbälge dafür unterschieben wollten. Deshalb ließ man immer auf dem Lande nachts ein Licht in der Stube brennen, bis das Kind getauft war.

~~~

Mit der Zeit aber, hieß es einstimmig, seien die Unterirdischen immer seltener geworden. Es soll ihnen besonders zuwider gewesen sein, dass die Leute mit den Eggen nicht mehr die Furchen lang zogen, sondern in der Runde und dann über Kreuz. Das soll ihnen das Land verlitten haben und sie seien für immer abgezogen – denn das Kreuzzeichen konnten die Zwerge ebenso wenig ertragen wie die Hexen.

Neun-Euro-Ticket im Mittelalter: Der Reisigbesen

Eine Hexenfahrt zu Walpurgis

Am Walpurgisabend – heute sagt man eher; zur Walpurgisnacht – ziehen die Hexen nach dem Blocksberg, indem sie auf Ziegen, Hähnen, Besen, Ofengabeln und dergleichen dorthin reiten. Diese Sachen nehmen sie, so heißt es, wo auch immer sie diese finden. Außerdem sollten sie dazu auch noch das Vieh in den Ställen verhexen, zu denen sie Zutritt finden. Das einzige Mittel, den Hexen Zutritt zu diesen Ställen zu verwehren, soll gewesen sein, drei Kreuze mit Kreide an jede Stalltür zu zeichnen.

Noch um die Mitte des 19. Jahrhunderts herum konnte man fast auf jedem märkischen Gehöft am 1. Mai morgens die Ställe nach dieser Methode gekennzeichnet vorfinden, während die Ofenkrücken und vergleichbare Gerätschaften vom Backofen – wo sie sonst gewöhnlich frei zu liegen pflegen – entfernt und für diese eine Nacht im Haus verwahrt wurden.

Eine Ofenkrücke ist ein senkrecht an einer Stange befestigtes Brett, mit dem man, wenn nötig, das Feuer, die Kohlen, oder die Asche aus dem Ofen ziehen konnte.
~~~

Folgende zwei Geschichten erzählte man sich in der Gegend um Berlin im Anschluss an die Walpurgisnacht:

Ein Schäfer besuchte seine Braut am Abend vor der Walpurgisnacht. Als er gegen zwölf Uhr noch wach auf der Ofenbank lag, seine Augen jedoch geschlossen hatte, bemerkte er etwas Schauerliches. Seine Braut und seine Schwiegermutter – die ihm schon lange als Hexen verdächtig gewesen waren – vermuteten, dass er bereits schliefe und rüsteten sich für die Reise zum Blocksberg. Indem er sich weiter schlafend stellte, beobachtete er sie und bemerkte, dass beide sich die Gelenke mit einem Öl einrieben. Als sie fertig waren, murmelten die zwei Frauen den folgenden Spruch:

»Upun davan
un nenewegent an.«

Kaum hatten sie das ausgesprochen, fuhren sie auch schon zum Schornstein hinaus ins Freie. Sogleich fasste der Mann seinen Entschluss: Er wollte ihnen nach und erfahren, was sie nun weiter tun und treiben würden. Er tat ihnen also alles nach, wie er es gesehen hatte. Er rieb sich mit dem Öl ein, welches die beiden hatten stehen lassen, und wollte nun mit demselben Spruch folgen. Aber der arme Mann hatte wohl nicht recht zugehört, denn er sprach:

»Up un davan
un allewegent an.«

Sofort fuhr er zwar ebenfalls zum Schornstein hinaus, aber er wurde auf seiner Reise gegen jeden nur möglichen Gegenstand und gegen alle im Weg stehenden Hindernisse geschleudert, sodass er in der Hexenversammlung am Blocksberg ankam, als er an Haupt und Gliedern ganz zerschlagen war. Wenngleich man anfangs beim Erscheinen dieses Eindringlings ein wenig erschreckt war, einen Uneingeweihten unter sich zu wissen, so hatte man sich doch bald wieder gefangen. Man gab ihm eine Klarinette, die er zu spielen verstand, und nun musste er Musik machen, welche den Hexen gefiel. Diese tanzten nach Herzenslust bis kurz vor ein Uhr.

Dann kehrte jede schleunigst wieder dorthin zurück, woher sie gekommen war, um mit dem Schlag eins an Ort und Stelle zurück zu sein. Auch der Schäfer musste, wie er gekommen war, in seine Heimat zurückkehren – die Klarinette noch fest in der Hand haltend. Als er aber dort angekommen war und sein Instrument näher betrachtete, war es ein schlafender Kater gewesen, auf dessen Schwanzspitze er geblasen hatte. Der Kater wachte auf, rieb sich die Augen, sah den Schäfer missbilligend an und trollte sich.

~~~

Ein anderes Mal wollte ein neugieriger Knecht eine ähnliche Zusammenkunft der Hexen belauschen und hatte sich deshalb mit anderen Knechten auf einem Feld unter Eggen versteckt. Diese standen an dem gewohnten Platz, denn unter solchen war man vor den Hexen geschützt.

Leider hatte der vorwitzige Knecht nicht bemerkt, dass sein Rockzipfel hervorlugte. An diesem bekamen die Hexen ihn zu fassen, zogen ihn unter den Eggen hervor und entführten ihn hinweg in die Lüfte. Man hat nie wieder etwas von ihm gehört.

Gutheit ist nicht immer ein Stück Dummheit

Der Kobold auf der Mühle

Wenn früher jemand reich wurde, ohne dass man nachvollziehen konnte, wie dies zugehe, so hieß es: Dieser Mensch habe einen Kobold, der ihm alles zutrüge – und noch heute soll dieser Aberglaube stellenweise vorherrschen.

Der Kobold wird immer als ein kleiner Kerl beschrieben, der allerhand Gestalt annehmen könne. So auch zum Beispiel eine Tiergestalt, wie die eines dreibeinigen Hasen oder eines Kalbes mit feurigen Augen. In der Gegend von Müncheberg behauptete man, er zeige sich oft in der Gestalt eines Rebhuhns.

Oft soll der Kobold, so heißt es weiter, seinen Schabernack mit den Leuten treiben und wolle sich dann ausschütten vor Lachen, wenn er jemand an der Nase herumgeführt hatte. Daher stamme der alte Ausdruck «wie ein Kobold lachen». So erscheinen
~~~

die Kobolde in manchen Geschichten als lästige Gäste, welche man gern aus dem Hause loswerden möchte, aber nur sehr schwer loswird.

Einen solchen Kobold gab es vor vielen Jahrhunderten auch einmal im Havelland – und vielleicht auch im Ruppin'schen. Mit diesem Kobold soll sich Folgendes dort zugetragen haben:

Auf einer einsamen Wassermühle wohnte ein Müller ganz allein für sich. Bei diesem Müller klopfte es an einem stürmischen und regnerischen Abend an das Fenster. Der Müller ging zum Fenster und als er fragte, wer da sei, antwortete eine Stimme:

»Um Gottes willen lasst mich herein! Ich habe mich verirrt und komme sonst um in diesem furchtbaren Wetter!«

Der Müller nahm die Lampe und öffnete die Haustür, fuhr aber sogleich erschrocken zurück, denn vor ihm stand ein Mann – und ein großes, schwarzes Ungetüm.

»Ach, guter Mann, bitte erbarmt Euch meiner«, sagte der Mann, »ich bin ein Bärenleiher (Bärenführer) und weiß mit meinem Tier nicht mehr aus noch ein. Gönnt mir ein Plätzchen zum Nachtquartier.«

Der Müller kratzte sich hinter die Ohren und antwortete:

»Ja, für Euch hätte ich wohl einen Platz auf der Ofenbank in meinem Stübchen, wenn Ihr damit zufrieden sein wollt. Aber wo soll ich mit Eurer wilden Bestie hin? Einen Stall habe ich nicht und in die Stube können wir das Tier doch nicht nehmen.«

»Nun ja«, antwortete der Mann, »könnten wir ihn nicht vielleicht in die Mühle bringen? Schaden am Korn und Mehl kann er Euch wohl kaum tun – und außerdem lege ich ihn ja auch an die Kette.«

»Das ginge wohl«, sagte der Müller, »aber ich muss Euch sagen: Dort ist es nicht richtig. Es spukt ein Kobold in der Mühle umher, der mir über die Jahre schon vieles Leid angetan hat. Er rumort dort die ganze Nacht herum, schüttet die Kornsäcke aus, streut das Mehl umher und treibt noch sonst allerlei Unfug und Schabernack!«

»Ei«, rief der Bärenführer, »was schadet das? Meinem Bären wird der Kobold nichts anhaben, der wird sich schon seiner Haut zu wehren wissen. Nehmt uns nur auf, ich bitte Euch!«

Gesagt, getan: Der Bär wurde in die Mühle gebracht und seinem Führer bereitete der Müller ein Lager auf der Ofenbank.

Mitten in der Nacht erwachten die beiden Männer von einem furchtbaren Lärm in der Mühle. Es schien dort drinnen drunter und drüberzugehen. In der Mühle herrschte ein Toben wie in der Hölle, dazwischen hörte man immer wieder das tiefe Brummen des Bären und hie und da ein Quieken oder ein jämmerliches Grunzen.

»Horch'«, sagte der Müller, »da hat der Kobold sich wohl mit dem Bären angelegt.«

»Das wird sein eigener Schaden sein«, lachte der Bärenführer.

»Ach«, seufzte der Müller, »dass der Bär diesem Plagegeist endlich einmal ordentlich den Kopf zurechtsetzte!«

Es gab noch einen letzten, grellen Schrei, dann war alles still und die Männer schliefen wieder ein.

Am nächsten Morgen fanden beide den Bären wohlbehalten in der Mühle ruhen. Nachdem der Müller seine beiden Gäste noch mit Speise und Trank erquickt hatte, zog der Fremde mit seinem Bären nach einem herzlichen Dankeschön von dannen.

Und siehe da – von dieser Stunde an ließ sich kein Kobold mehr in der Mühle sehen. Der Bär musste es ihm wohl verlitten haben, hier seinen Unfug zu treiben und wer sollte glücklicher darüber gewesen sein als der Müller? So ging wohl ein ganzes Jahr dahin.

Doch einmal, es war wieder einer dieser dunklen Abende, als der Müller still in seiner Stube saß, öffnete sich leise die Tür – und zum Schrecken des Müllers steckte der Kobold seinen unförmigen Kopf in die Stube und röhrte:

»Müller! Müller! Lebt denn deine große schwarze Katze noch?«

Der Müller fasste sich allerdings rasch und rief postwendend zurück:

»Jo, die lebt noch! Und hat jetzt sieben Junge!«

Da schlug der Kobold entsetzt die Tür zu und ist seitdem nie wiedergekommen.

Neunzehn gierige, achtzehn gierige Mark-, siebzehn gierige Markgrafen, sechzehn, fünfzehn, vierzehn ...

Der Markgrafenberg bei Rathenow

In der Nähe der Stadt Rathenow liegt ein Hügel, den man den Markgrafenberg nannte. Hier kamen nämlich, so wird erzählt, am Anfang des 14. Jahrhunderts eine Reihe Markgrafen zusammen. Interessanterweise waren es der Markgrafen aus dem Hause Anhalt sehr viele geworden, von denen nun neunzehn zu einer Besprechung zusammengekommen waren, bei der einer dem anderen das gegenseitige Unvermögen wegen der großen Landeszersplitterung vorwarf.

»Was soll daraus werden, wenn unserer noch mehr würden?«

Eine Lösung findet sich sehr selten, wenn man den anderen für die Hölle hält. Gott der Herr hatte aber andere Pläne, die schnell zu einer Lösung des Problems beitrugen:

Einer nach dem anderen fuhr nämlich in die ewige Grube. Die Sterbeglocken im Kloster Lehnin und in Chorin – wo man die Markgrafen bestattete – hörte fast gar nicht mehr auf zu läuten und als nur wenige Jahre um waren, war nur noch einer übrig. Mit diesem letzten erlosch dann im Jahre 1320 das ganze Geschlecht in der gesamten Mark.

Ein Tor, wer ein Schloss ohne Tor baut

Das Schloss ohne Treppe zu Lichterfelde

Wilhelm Schwartz lässt eine seiner Quellen berichten:

In dem Dorf Lichterfelde bei Neustadt-Eberswalde befindet sich ein altes Schloss, welches der italienische Baumeister gebaut haben soll, der auch die Festung Spandau gebaut hat. Dafür hatte er zum Dank von dem Kurfürsten die Gegend erhalten, wo jetzt Lichterfelde liegt.

Nachdem er nun den Bau seines Schlosses vollendet hatte, das aber ganz ohne Türen und Treppen war, ließ er seine Tochter, die sehr schön war, dahin nachkommen, und zwar geleitete sie auf diesem Wege ein Herr von Sparr.

Es war damals die ganze Gegend noch ein dichter, fast undurchdringlicher Wald und nur ein Stückchen Land um das Schloss herum war erst ausgerodet. Als nun das Fräulein mit ihrem Begleiter an diese Stelle kam, da rief sie freudig aus:

»Lichtes Feld!«

Da sagte der Vater, als ihm nun der Herr von Sparr die Vorgänge der Reise berichtete und auch diesen Ausruf erzählte:

»Nun, so will ich das Schloss Lichterfelde nennen!«, und diesen Namen hat es erhalten.

Dem Herrn von Sparr hatte aber sein Schützling so gefallen, dass er ihren Vater bat, sie ihm zur Frau zu geben. Aber der suchte allerhand Ausflüchte und sagte endlich, wenn er den Eingang zum Schloss fände, so solle er sie haben. Damit musste sich von Sparr zufriedengeben und ging davon.

Nun trug es sich einmal zu, dass der alte Italiener, der sonst immer seine Tochter ängstlich bewachte, nach Neustadt gefahren war, wo ein großes Fest gefeiert wurde, bei dem auch von Sparr, der auf dem Schloss zu Trampe wohnte, zugegen war. Kaum hatte er den Alten gesehen, als er aufbrach und nach Lichterfelde fuhr.

Das Fräulein, die im oberen Stockwerk wohnte und gerade am Fenster saß, erblickte ihn alsbald und ließ sogleich einen großen Korb herab, mit dem sie ihren Vater immer hinaufwinden musste – und so hatte denn der Herr von Sparr die Bedingung, welche ihm der Alte gestellt hatte, erfüllt und heiratete bald danach das Fräulein.

Als ihm aber das erste Kind geboren wurde, da ließ er auch endlich eine Treppe im Schloss anlegen und es überhaupt mehr nach der Sitte anderer Häuser einrichten.

Eine unterirdische Glocke und eine überirdische Prinzessin

Der Brauhausberg bei Potsdam

Potsdam hatte auch seine Sagen. Da war zunächst die Räuberschanze – oder wie man sie auch nannte – die Römerschanze, eine halbe Meile von Potsdam entfernt, der Redlitzer Fähre gegenüber, im Winkel zwischen dem Krampnitz- und Jungfernsee.

Die Räuberschanze sollte noch aus der alten Wendenzeit herstammen. Später sollen sich dann Räuber in derselben festgesetzt und sie daher den Namen bekommen haben. Dass hier einmal viele Kämpfe stattgefunden hatten, erkennt man schon einfach daran, dass man gegenüber auf den Feldern am Wege zur Redlitzer Fähre oft Teile von Waffen oder aber auch Menschengebeine gefunden hatte. Ein kreisrunder Hügel an dieser Stelle wurde schon damals ausdrücklich als eine alte Grabstätte bezeichnet.

Unweit der Redlitzer Fähre, gleichfalls am Krampnitzsee gegenüber der erwähnten Räuberschanze, lag auf einer Anhöhe ein Rest von einem alten Mauerwerk, von dichtem Moos überdeckt. Dieser Stelle hat man schon vor langen Zeiten den Namen «Kirchberg» gegeben. Dort hatte nämlich, nach der Sage, die erste christliche Kirche in diesen Landen gestanden, die aber später zerstört und nicht wieder aufgebaut worden war.

Dort, wo jetzt der heilige See ist, soll in alten Zeiten auch eine Kapelle gewesen sein, die dann in den See versunken sein soll. Am zweiten Pfingsttage soll man noch oft die Glocke aus dem See klingen hören.

~~~

Es folgt eine frühe Version der TV-Show »Die Bachlorette«.
Von der schönen Aussicht, welche man vom Brauhausberge aus hat, gibt es ebenfalls eine Sage. Auf der Burg zu Potsdam soll nämlich ein junges Fräulein gewesen sein, um die sich viele Freier beworben hatten. Es war zur Osterzeit, als sie schließlich gesagt haben soll, sie wolle denjenigen heiraten, den sie am Ostermorgen auf dem Berg fände, welcher von den elf Bergen um Potsdam herum ihr Lieblingsplatz sei.

Gesagt, getan – und am Morgen des Ostersonntags hatte sich jeder der Freier für einen anderen Punkt entschieden. Alle gingen ins Rennen und die elf Berge waren:
~~~

Der Heineberg bei Baumgartenbrück,
der Krähenberg bei Caputh,
der Telegraphenberg,
der Ravensberg,
der Babelsberg,
der Brauhausberg,
der Klein Glienicker Berg bei der Sandgrube,
der Schäferberg bei Klein Glienicke,
der Pfingstberg,
der Berg von Sanssouci und
der Panberg bei Bornim.

Die Prinzessin aber kam zum Brauhausberg, denn sie fand die Aussicht von dort die schönste. Der Ritter, den sie dort antraf, hatte ihr wunderbarerweise auch von Anfang an am besten gefallen. Außerdem hatte er offensichtlich den sinnvollsten Grund für die Wahl eben jenes Berges gehabt:

Von dort konnte er das Fenster seiner Liebsten auf ihrer Burg erblicken. Diese stand nämlich dort, wo jetzt die Heilige-Geist-Kirche steht. Seitdem sind viele Jahre verflossen, und vieles hat sich in Potsdam geändert – der Brauhausberg gehört aber noch immer zu den unvergleichlich schönsten Punkten der Umgegend.

5.

Sagen und Legenden von Kirchen und Klöstern

Vorsätzlicher Mordversuch – wegen einer Handvoll Eier

Der fliegende Chorschüler

In vielen Städten der Brandenburger Mark und insbesondere in Berlin erzählte man sich die Sage, dass sich eines Tages mehrere Chorschüler miteinander verabredet hatten. Man wolle gemeinsam auf den Kirchturm steigen – in Berlin soll es der Turm der Marienkirche gewesen sein –, um dort aus den vielfach vorhandenen Krähennestern die Eier herauszunehmen.

Gesagt, getan – und schon stiegen sie zum Turm hinauf. Als man oben angekommen war, wurde zu einem der Schalllöcher ein Brett hinausgelegt. Zwei große Schüler hielten das Brett hinten fest und ein dritter kroch auf diesem Brett hinaus, um in den Ritzen und Spalten des Turmes nach Nestern zu suchen.

Er fand auch bald eine große Zahl Nester, gab jedoch seinen Gefährten kein einziges der Eier, welche er dort fand. Als sie ihn fragten, ob sie ihr Teil erhalten würden, schlug er es ihnen rundweg ab. Der Chorschüler behauptete nun, er allein habe sich der Gefahr unterzogen und deshalb solle er auch allein die Frucht derselben genießen dürfen.

Daraufhin wurden seine Mitschüler wütend und drohten ihm, dass sie das Brett loslassen würden, wenn er ihnen nicht augenblicklich einen Teil seiner Beute abgäbe. Der Chorschüler jedoch, der sich vor der Ausführung ihrer Drohung sicher zu sein wähnte, erwiderte nur lachend, das sollten sie ruhig tun, denn dann würden sie garantiert nichts bekommen.

Kaum hatte er das gesagt, ließen die Mitschüler das Brett los und der Chorschüler stürzte von der höchsten Höhe des Turmes hinunter. Zum Glück hatte er jedoch wegen der kalten Witterung seinen weiten Mantel getragen und diesen aber, um sich auf dem Brett vernünftig bewegen zu können, nur halb bis unten zugeknöpft.

Sogleich schlug der Wind unter den Mantel, blähte diesen auf und bremste den Fall wie ein moderner Fallschirm. Der Chorschüler landete wohlbehalten und unversehrt wie ein Vogel mitten auf dem Markt, zur größten Verwunderung der Käufer und Verkäufer.

Ob er danach seinen Gefährten ihren Anteil am Gewinn gegeben hatte, weiß man nicht. Man weiß auch nicht, ob sie noch einmal danach verlangt haben und ob sie nicht schnellstens das Weite gesucht hatten.

Wenn die höchste Instanz urteilt, ist keine Revision mehr möglich

Die drei Linden auf dem Heiligen-Geist-Kirchhof in Berlin

Wegen des schönen Erzählflusses seiner Version erfolgt ein weiteres Mal der Originalton von Wilhelm Schwartz.

Auf dem Kirchhof des Hospitals zum Heiligen Geiste in Berlin haben vor vielen Jahren, wie das bejahrtere Leute noch immer von ihren Eltern gehört haben, drei gewaltig große Linden gestanden, die mit ihren Ästen den ganzen Raum weithin überdeckten.

Das Wunderbarste an diesen Bäumen war, dass sie mit den Kronen in die Erde gepflanzt worden waren und dennoch ein so herrliches Wachstum erreicht hatten. Aber dieses Wunder hatte auch die göttliche Allmacht gewirkt, um einen Unschuldigen vom Tode zu erretten.

Vor vielen, vielen Jahren lebten nämlich in Berlin drei Brüder, die mit der herzlichsten Liebe einander zugetan waren und mit Leib und Leben füreinander standen. So lebten sie glücklich und zufrieden, als dies Glück plötzlich durch einen Vorfall gestört wurde, den wohl keiner hätte ahnen können.

Denn so unbescholtenen Wandels auch alle drei bisher gewesen waren, wurde doch der eine von ihnen des Meuchelmordes angeklagt und sollte, obgleich er noch kein Geständnis getan, da alle Umstände die ihm zur Last gelegte Tat wahrscheinlich machten, den Tod erleiden.

Noch saß er im Gefängnis, als eines Tages seine beiden Brüder vor dem Richter erschienen und jeder derselben sich des begangenen Mordes für schuldig erklärte. Kaum hatte dies der zum Tode Verurteilte vernommen, als auch er, indem er erkannte, dass seine Brüder ihn nur retten wollten, der Tat geständig wurde, und so statt eines Täters auf einmal drei vor Gericht standen, von denen jeder mit gleichem Eifer behauptete, dass er allein jenen Mord begangen hätte.

Da wagte der Richter nicht, den Urteilsspruch an dem ersten zu vollstrecken, sondern legte den Fall erst noch einmal dem Kurfürsten vor, welcher verordnete, dass hier ein Gottesurteil entscheiden solle. Er befahl daher, ein jeder der drei Brüder solle eine junge, gesunde Linde mit der Krone in das Erdreich pflanzen, sodass die Wurzeln nach oben stünden. Wessen Baum dann vertrocknen würde, den hätte Gott selbst dadurch als den Täter bezeichnet.

Dieses Urteil wurde auch sogleich beim Anbruch des Frühlings vollzogen – und siehe da! – nur wenige Wochen vergingen und alle drei Bäume, die man auf dem Heiligen-Geist-Kirchhof gepflanzt hatte, bekamen frische Triebe und wuchsen bald zu kräftigen Bäumen heran.

So war denn die Unschuld der drei Brüder erwiesen und die Bäume haben noch lange in üppiger Kraft an der alten Stelle gestanden, bis sie endlich verdorrt sind und anderen Platz gemacht haben.

Der deutsche Pyrrhus blieb ohne Sieg

Kohlhasenbrück (auch: Kohlhaasenbrück)

Die folgende Sage vom Kaufmann Heinrich Kohlhase und seiner Begegnung mit den Mächten des Landes und seines eigenen Ichs wird in vielen Varianten erzählt. Ihr Autor hat sich für die Version des Berliners Wilhelm Schwartz entschieden, weil sie ihm zwischen den vielen, bis zur Unkenntlichkeit verwürzten Bratwürsten, als ein authentisches und deshalb wohlschmeckendes Gericht erschien.

In der Nähe von Potsdam, an der Eisenbahn nach Berlin, liegt Kohlhasenbrück, welches von Hans Kohlhase, einem Berliner Roßkamm, der zur Zeit Kurfürst Joachim I. und II. einst viel von sich reden gemacht, den Namen bekommen hat. Die Sache ist recht charakteristisch für jene Zeiten und war folgende:

Hans Kohlhase war ein angesehener Bürger zu Cölln an der Spree, der einen nicht unbedeutenden Pferdehandel betrieb. Was seine Bildung anbetrifft, ist bezeichnend, dass er sogar Lateinisch verstand. Einmal kam er nun mit einigen Pferden von Leipzig zurück, da wurde er in der Nähe von Düben durch die Leute des Junkers von Zaschwitz angehalten:

Er sollte sich ausweisen über die Pferde, es wären sicherlich gestohlene. Vergeblich, dass er seine Unschuld beteuerte, die Pferde wurden zurückbehalten.

Da klagte er seinen Unfall seinem Kurfürsten Joachim I., und der erwirkte den Befehl vom Kurfürsten von Sachsen, dass ihm die Pferde vom Junker von Zaschwitz zurückgegeben werden sollten. Inzwischen waren dieselben aber hinter dem Ackerpflug abgetrieben und schlecht im Futter gehalten worden, sodass Kohlhase sich weigerte, sie zurückzunehmen und Schadenersatz forderte.

Als alle seine Bemühungen vergeblich waren und er nicht zu seinem Recht kommen konnte, da sandte er nach damaliger Sitte als freier Mann, dem sein Recht verweigert wurde, einen Absagebrief an den Landvogt von Sachsen:

Fortan wolle er des Junker von Zaschwitz' und des ganzen Landes Sachsen abgesagter Feind sein, bis er zu seinem vollen Recht und zu vollem Schadenersatz für alles gelange, was er erlitten habe.

Mit einer Schar verwegener Gesellen begann er auch nun, das sächsische Land auf jede nur mögliche Weise zu schädigen und trieb bald die Sache so weit, dass die Kurfürsten von Sachsen und Brandenburg selbige beizulegen beschlossen und beiderseitig einige ihrer Räte nach Jüterbock (heute: Jüterbog) schickten, wohin auch Kohlhase kommen sollte, um seine Forderungen geltend zu machen.

Der kam auch mit einem Gefolge von vierzig Pferden, aber man ging unverrichteter Sache auseinander, da der Junker von Zaschwitz inzwischen gestorben war und seine Erben sich zu keiner Entschädigung bereiterklären wollten.

Von Neuem begann Kohlhase das sächsische Land heimzusuchen, ja er brannte sogar die Vorstadt von Wittenberg nieder.

Da schrieb Doktor Martin Luther an den gefährlichen Mann, wie unchristlich es sei, sich selbst zu rächen. Das machte auf Kohlhase Eindruck und heimlich kam er, als Pilger verkleidet, nach Wittenberg, um mit Luther über die Sache zu verhandeln.

Luther versprach, sich der Sache anzunehmen, aber es war vergeblich und die Geschichte spielte in der früheren Weise weiter, nur dass der Kurfürst von Sachsen es bei dem Kurfürsten von Brandenburg schließlich durchsetzte, dass er Kohlhase auch auf märkischem Grund und Boden verfolgen und fangen lassen könne. Aber die sächsischen Späher und Landsknechte bekamen ihn doch nicht.

So kam das Jahr 1540 heran.

Da kam Kohlhase, auf den Rat eines seiner Spießgesellen, Georg Nagelschmidt (auch: Nagelschmid) mit Namen, auf den Gedanken, sich an seinen Kurfürsten selbst zu machen und ihn zu veranlassen, um dem Wesen ein Ende zu machen, sich wirksamer seiner anzunehmen.

Er überfiel den kurfürstlichen Factor Drezscher, der mit Silberkuchen aus dem Mansfeldschen unterwegs war, in der Gegend, wo jetzt Kohlhasenbrück liegt. Er nahm ihm die Silberkuchen fort und versenkte sie unter der Brücke in der Telte, einem kleinen Nebenflüsschen der Ruthe.

Das bekam ihm aber übel.

Denn nun wurde überall auf ihn und Nagelschmidt gefahndet und bei Leibesstrafe allen verboten, sie zu beherbergen, als sich das Gerücht verbreitete, sie seien in Berlin – und wirklich fing man Kohlhase auch, als man Hausdurchsuchungen hielt:

Er hatte sich beim Küster zu Sankt Nicolai in einer Kiste versteckt. Ebenso wurde Nagelschmidt im Hause eines armen Bürgers am Georgentor aufgefunden. Beiden wurde der Prozess gemacht.

Kohlhase wollte man insofern begnadigen, als er nicht mit dem Rade, sondern mit dem Schwert hingerichtet werden sollte, was für minder schmachvoll galt. Schon war Kohlhase bereit, dies anzunehmen – da rief ihm Georg Nagelschmidt zu:

»Gleiche Brüder, gleiche Kappen!«

»Ich will die Begnadigung nicht, ich will mein Recht«, sagte Kohlhase und so wurde er wie Nagelschmidt am Sonntag nach Palmarum (am 22. März) im Jahre 1540 mit dem Rade hingerichtet – obwohl es dem Kurfürsten leidgetan haben soll, dass eine so tüchtige Natur ein solches Ende genommen hatte.

Ob man die Silberkuchen gefunden, berichtet keine Chronik, die Brücke aber und der Ort, der später da entstand, bekam den Namen Kohlhasenbrück.

»Wenn das Geld im Kasten klingt ...«

Ein märkischer Junkerstreich oder der betrogene Tetzel

Bei dem Dorf Holbeck, nördlich von Jüterbog (früher: Jüterbock), zwischen Luckenwalde und Stülpe, liegen die sogenannten Mordberge, welche von folgender Begebenheit den Namen haben sollen.

Als der Dominikanermönch und notorische Ablassprediger Johann Tetzel zu Martin Luthers Zeiten hier im frühen 16. Jahrhundert in der Mark sein Unwesen trieb, hielt er sich insbesondere auch lange in Jüterbog auf. Dort zeigte man noch lange mit Stolz auf ein der Nikolaikirche gegenüberliegendes Haus, in welchem er seine Wohnung und eine eigene Kapelle zur Lesung von Messen und Aushändigung der Ablassbriefe hatte.

Hier in Jüterbog kam nun einst, so vermelden es die alten Bücher, ein Ritter zu Johann Tetzel. In Jüterbog sagte man, es sei einer aus der Familie Hake aus Stülpe gewesen. Ein Hake könnte es in der Tat gewesen sein, aber aus Stülpe war er nicht – denn das erhielten die Hakes erst im Jahre 1537.

Wie dem aber auch sei:

Unser Ritter verlangte also vom Tetzel einen Ablassbrief wegen eines Verbrechens, das er noch ausüben wolle. Der Fall war neu und machte Tegel anfangs stutzig; doch weil jener ein gutes Stück Geld bot, ging er zuletzt in die Falle und gab ihm für eine hohe Summe den verlangten Ablass.

Das aber sollte ihm schlecht bekommen. Als er mit seinen Schätzen Jüterbog verließ, um sich nach Berlin zu wenden und in die Sandberge bei Holbeck gelangte, dort, wo die Pferde einen schweren Wagen kaum von der Stelle bringen konnten, sprengten plötzlich Vermummte auf ihn zu.

Tetzel soll alle Strafen der Hölle auf die Frevler losgewettert haben, aber der Anführer der Bande zeigte ihm lachend den Ablassbrief, den er ihm vor kurzem erst verkauft hatte!

Das, sagte der Ritter, sei eben die zukünftige Sünde gewesen, für die er schon im Voraus Vergebung erlangen wollte – denn es war natürlich kein Anderer, als der Junker von Hake. Nachdem die Knechte schnell überwältigt worden waren, wurden Kisten und Kasten aufgeschlagen und dem Betrüger Tetzel das sündhaft zusammengestohlene Geld abgenommen.

Der größte dieser Kasten, mit großen Eisenbanden beschlagen, kam dann nach Jüterbog, wo er noch lange Zeit hinter dem Altar der Sankt-Nikolai-Kirche gestanden haben soll. Die Gegend aber soll von dem Überfall – und weil einige Knechte dabei ums Leben gekommen sein sollen – den Namen «Mordberge» erhalten haben.

Andere meinen allerdings, mit diesem Namen belege man auch an anderen Orten in der Mark derartige Sandberge – denn jeder, der einmal mit einer schweren Last auf dem Rücken auf einem sandigen Untergrund schnell vorankommen wollte, weiß, wie sehr die Anstrengung an Mord grenzt.

Diesem kecken Streich eines märkischen Junkers, der in seiner Weise Tetzel abfertigte und einer irdischen Gerechtigkeit unterwarf, folgte dann bald Martin Luthers ernste Abwehr des ganzen Ablass-Unwesens.

›Kontra! Re! Hirsch! Christus!‹

Die Gründung des Klosters Lehnin

Die ehemalige Zisterzienserabtei Lehnin ist über Jahrhunderte hinweg so eng mit der Geschichte der Mark Brandenburg und dem nordöstlichen Teil der heutigen Bundesrepublik Deutschland verknüpft gewesen, es ließe sich leicht ein ganzes Buch nur über diesen einen Ort und die dort wirkenden Menschen verfassen.

Leider können wir uns aus Platzgründen dem nicht wirklich hingeben und deshalb sollen zwei Sagen als Stellvertreterinnen für die vielen Geschichten rund um das im Zuge der Reformation im Jahre 1542 säkularisierte Kloster dienen. Diese wurden von Wilhelm Schwartz wieder einmal vorzüglich niedergeschrieben – und schon öffnet sich der Vorhang.

Inmitten von Wald und Seen liegt Kloster Lehnin (eins der ältesten Klöster der Mark). Noch stehen außer der einfachen Klosterkirche stattliche Mauern mit spitzen Bögen, an denen Gestrüpp und Gesträuch sich emporranken und ein alter Wachturm zeigt, dass das Kloster darauf gefasst war, in den alten kriegerischen Zeiten auch an seine Verteidigung zu denken.

Vor gut hundertsiebzig Jahren konnte man noch seine Stiege erklimmen, wenn auch schon hier und da ein Stein zerbröckelt war, und konnte den Blick schweifen lassen über den dichten Wald, der das Kloster umgab. Jetzt aber hat die Zeit immer mehr an den Steinen genagt, sodass davon nicht mehr die Rede sein kann.

Die Gründung des Klosters Lehnin fällt in die ersten Zeiten der Entstehung der Mark Brandenburg. Als noch dichter Urwald das Land bedeckte, heißt es, jagte Markgraf Otto, Sohn Albrecht des Bären, einmal in dieser Gegend.

In der Hitze der Jagd kam er von seinen Begleitern ab und vergeblich war es, dass er sein Hifthorn erschallen ließ oder sich nach einem Weg umsah, der ihn aus dem Dickicht herausführe. Ermattet sank er zuletzt unter einer Eiche nieder und verfiel in einen tiefen Schlaf.

Da träumte Markgraf Otto, ein Elennthier dränge auf ihn ein und vergebens war es, dass er sich desselben mit seinem Jagdspieß zu erwehren suche. In der Angst rief er Christi Namen um Beistand an – und da verschwand das Tier.

Pierers Universal-Lexikon aus dem Jahre 1858 beschreibt auf den Seiten 629-630 Folgendes:

Elennthier (Elen), 1) (Cervus alces L.) im Altdeutschen Elch, Schelch od. Schelk, das amerikanische Original, Moosdeer, Monsell, Orignac, Stogg, Aptapton, Eslan etc.;

Art aus der Gattung Hirsch, größer als das Pferd, langbeinig, mit aufgeschwollener, knorpeliger Schnauze u. einem hängenden, 7 Zoll langen Beutel unter der Kehle, mit 2–6 Zoll langem Bärtchen, lang- u. grobhaarig, mit kurzer Mähne u. schaufelförmigem, gleich vom Grunde an ausgebreitetem, bis zu 60 Pfund schwerem, 6–12 zackigem Geweih;

Kolbenzeit: December bis März; Farbe im Sommer schwarzbraun, im Winter heller, mit Grau untermischt, wie gereist; wiegt gegen 6–12 Centner, das Thier (Weibchen) ist kleiner als der Hirsch u. ohne Gehörn u. Bart; ist scheu u. dumm, wehrt sich mit den Vorderfüßen, läuft schnell, lebt in Rudeln; Brunst Ende Augusts, den September hindurch, trägt 9 Monate lang u. wirft das 1. Mal 1, die folgenden Male 2 Kälber.

Das E. lebte bis ins 11. Jahrh. in Deutschland, wo schon Cäsar von demselben gehört hatte, der es so beschreibt: es gleiche an Gestalt u. Farbenwechsel des Felles dem Rehe, sei aber größer u. habe unvollkommene Hörner u. gelenklose Beine, so daß es sich nicht legen könne, sondern zum Schlafe sich an Bäume lehne, weshalb, wenn man diese untergraben od. angehauen habe, es mit diesen leicht umfalle u. eine Beute der Jäger werde.

Plinius erwähnt eines ähnlichen Thieres unter dem Namen Achlis. Jetzt kommt es nur noch in niedrigen u. sumpfigen Wäldern des nordöstlichen Europa, von Sibirien u. Nordamerika vor.

Von ihm werden Fleisch, Knochen u. vorzüglich das weiche u. sehr dicke Fell benutzt. Man jagt die E-e vom Juni ois August u. das Thier von da bis in den Winter auf dem Anstande mit Bürschen, mit Treibjagden, wie die Hirsche, od. mit Hunden (Elennsfindern); fängt es in Wolfsgruben. Das E. ist für Waldungen sehr schädlich. Alles Übrige wie beim Hirsch.

Er erwachte und seine Begleiter standen um ihn. Denen erzählte er seinen Traum, da meinten sie, das wäre sicherlich der Teufel gewesen, der erst beim Anrufen des Namens Christi verschwunden sei.

»Nun gut«, sagte Markgraf Otto, »dann will ich hier ein Kloster bauen, dass durch das Gebet frommer Männer der höllische Feind aus diesen Gegenden vertrieben werde.«

Sofort ließ er Zisterzienser-Mönche aus dem Mansfeldischen kommen, die das Kloster Lehnin erbauten. In der Kirche aber zeigte man noch am Altar einen eingemauerten Baumstamm: Das sei der Stumpf der Eiche, unter welcher der Markgraf Otto geschlafen und die Erscheinung gehabt hatte.

Weil aber dem Markgrafen im Traum ein Elennthier erschienen war, führt Lehnin noch lange einen Hirsch im Wappen – wie denn auch das Elennthier auf wendisch «Lante« hieß.

Ein Hund namens Judas

Abt Sebaldus von Lehnin, ein christlicher Märtyrer

Die Wirksamkeit der Verkündiger der christlichen Lehre war hier in der Mark, wie fast überall, nicht gleich eine gefahrlose. Meist nur äußerlich fügten sich zunächst die Bewohner, im Innern lebte noch immer der heidnische Sinn, der auf die fremden Ankömmlinge, welche die neue Lehre brachten, scheel sah.

Dies erfuhr auch das Kloster Lehnin. Besonders waren es die Bewohner des nahen Dorfes Nahmitz, welche ihm feindlich gesinnt waren. Wenn die Männer sich zu Hause befanden, durften die Mönche sich nicht in dem Dorf sehen lassen. Deshalb suchten sie sich die Zeit aus, wenn die Männer auf dem Feld oder beim Fischfang waren, um im Dorfe einzusprechen und die Frauen und Kinder zu gewinnen.

Einmal war der Abt Sebaldus auch so in Nahmitz, da hörten es die Männer, die am See waren und kamen mit ihren Ruderstangen und wollten dem Abt zu Leibe. Der hatte noch zur rechten Zeit Kunde davon bekommen und flüchtete durch den Buchenwald, der zwischen Nahmitz und Chorin war, wo auch noch jetzt stattliche Bäume stehen, dem Kloster zu.

In seiner Angst kletterte er auf einen Baum, aber vergeblich hoffte er den Verfolgern zu entgehen. Sein Schlüsselbund war ihm entfallen – oder nach anderen Quellen verriet ihn sein Hündchen, welches ihm gefolgt und den Fuß des Baumes umkreiste.

Die Heiden sahen ihn und in ihrer Wut fällten sie den Baum und schlugen den Abt tot. Da soll den Mönchen der Mut entsunken sein und sie wollten die Gegend verlassen. Im Traum erschien ihnen aber die Jungfrau Maria und forderte sie auf, zu bleiben.

Das taten sie denn auch und Markgraf Otto hielt strenges Gericht, dass es keinem mehr beikam, sie zu stören. Die Nahmitzer verloren unter anderem all ihren Acker an das Kloster, deshalb ist das Dorf noch heutzutage so arm.

Noch jetzt zeigt man übrigens das Haus, in welchem der Abt verweilt haben soll, als die Wütenden heranstürmten und in der Kirche ist auch noch ein altes, vergilbtes Bild, welches sowohl die Szene darstellt, wie die Heiden den Baum fällen, als auch, wie die Jungfrau Maria den Mönchen erscheint und sie zu bleiben auffordert.

Verzockt/Das sechste und siebte Buch Mose

Abenteuer der Currende-Knaben in der Kirche zu Spandau

Eine Currende (auch: Kurrende, von lat.: currere = laufen; also: Laufchor) war ursprünglich ein aus bedürftigen Schülern bestehender Chor an protestantischen Schulen, der unter Leitung eines älteren Schülers von Haus zu Haus zog oder bei Hochzeiten, Beerdigungen und Ähnlichem sang – in der Regel für Geld. Die Bindung zur evangelischen Kirche erfolgte in der Reformationszeit.

Die Spandauer Kirche war früher katholisch und die Currende-Knaben mussten die Kirche reinigen. Wieder einmal waren sie damit beschäftigt, doch in ihrem Übermut begannen sie, Karten zu spielen.

Plötzlich kam ein Mann auf sie zu – es war niemand anders als der Teufel – und wollte mitspielen. In aller Ruhe gestatteten sie es. Als er aber ein Spiel nach dem anderen gewann, merkten sie bald, mit wem sie es zu tun hatten. Ungerührt spielten sie weiter und einer, der viel verloren hatte, meinte sogar:

»Es soll mich doch der Teufel holen, wenn ich noch weiter verliere!«

Er spielte weiter und verlor wieder. Da sprang der Böse auf, riss ihn zu sich, zog ihn mit in die Höhe, die Mauer tat sich auf und beide verschwanden.

Der Riss in der Mauer soll noch bis auf den heutigen Tag zu sehen sein und kann nicht übertüncht werden.

~~~

Noch mindestens ein weiteres Mal soll durch den Übermut eines Currende-Knaben etwas Merkwürdiges in der Spandauer Kirche passiert sein.

Bis vor rund zweihundert Jahren befanden sich nämlich in der Kirche noch mächtig dicke Bücher, die allesamt an Ketten lagen. Darunter sollen auch das sechste und siebte Buch Mose gewesen sein – welche schon lange nicht mehr zum Bibelkanon gehören – in denen aber, wie man allgemein erzählte, alle die alten Zaubergeschichten enthalten waren.
~~~

Als nun wieder einmal die Currende-Knaben in der Kirche saubermachten, fanden sie diese seltsamen, angeketteten Bücher. Vorwitzig, wie es sich für junge Menschen ihres Alters gehörte, machten sie sich daran herauszufinden, was es denn so Geheimnisvolles darinnen gebe.

Kaum aber hatten sie die Bücher aufgeschlagen und mit dem Lesen begonnen, als sich die ganze Kirche von unten bis oben mit Geistern füllte. Sogleich überfiel sie eine furchtbare Angst und es war ein Glück, dass der Prediger hinzukam. Der begann dann nämlich seinerseits damit, das Buch rückwärts zu lesen – und die Geister verschwanden auf der Stelle wieder.

~~~

Ähnliches erzählte man sich auch in Bernau. Dort fand einmal ein Knecht das sechste und siebte Buch Mose, das der Gutsherr hatte offen liegen lassen. Als der Knecht zu lesen begann, heißt es, füllte sich das ganze Gehöft mit Ratten – und als er noch weiterlas, mit Raben, die von allen Seiten herbeigeflogen kamen. Weil der Knecht aber nicht mit dem Lesen aufhörte, kamen auch noch lauter schwarze Männer dazu. Zum Glück kam der Gutsherr schnell herbeigelaufen und bannte alles, indem er begann, rückwärts zu lesen.

~~~

Die wahre Bibel, so sagte man, liege in Leipzig. Diese würde niemals von den Ketten losgemacht werden. Nur Napoleon habe sie sich losmachen lassen, aber er sei damit auch nicht weiter gegangen als bis zum Altar.

Dort habe er darin gelesen und dann sogleich sehen können, wie alles in Russland kommen würde, welche Schwierigkeiten ihn erwarteten, welche Generäle ihm untreu werden würden und so weiter. Nichtsdestotrotz habe er den Feldzug doch unternommen – und eine der verheerendsten militärischen Niederlagen der Geschichte eingefahren.

›Mönch, du hast die Gans gefressen, gib sie wieder her!‹

Das Bild am Dom zu Brandenburg

Am Dom zu Brandenburg, der zum Teil wahrscheinlich noch aus dem zehnten Jahrhundert stammte, sah man über dem unter dem Turm befindlichen Haupteingang ein aus Stein gemeißeltes, altes Bild. Es zeigte einen Fuchs in einer Mönchskutte, wie er zuerst einer Versammlung von Gänsen predigt und zum Schluss eine derselben im Rachen davonträgt. Wie dieses Bild dahin gekommen sei, erzählt man auf zweifache Art und Weise:

Die einen sagen, der Baumeister des Doms habe für seinen herrlichen Bau geringen Dank und noch weniger Lohn erhalten. Er habe sogar fliehen müssen, um sich vor dem Zorn der Auftraggeber in Sicherheit zu bringen. Aus Rache habe er dann in der Nacht vor seiner Flucht das besagte Bild am Dom angebracht, ohne dass es jemand bemerkte.

Andere Quellen erzählen, ein Dompropst aus Burgsdorf, der viel für die Verschönerung und Ausbesserung des Doms getan habe, sei der Urheber beziehungsweise der Auftraggeber. Er habe es aus Unmut darüber anfertigen lassen, dass der von ihm bereits abgeschaffte Dienst der Messe in lateinischer Sprache nach dem Schluss des Westfälischen Friedens wieder eingeführt werden musste.

Bischöflicher Mord als Erfüllung von Gottes Wort

Der Rabe mit dem Ring am Rathenower Tor zu Brandenburg

Auf der Spitze des Rathenower Tors zu Brandenburg sieht man einen Raben, in dessen Schnabel ein Ring mit einer daran befindlicher Kette zu sehen ist. Dieses Wahrzeichen soll folgende Bedeutung haben.

Einer der Brandenburger Bischöfe hatte einmal seinen Ring verloren. Der Mann Gottes sann hin und der Mann Gottes sann her, wer den Ring denn genommen haben könnte – es half nichts, denn immer wieder fiel sein Verdacht auf einen Diener. Dieser hatte offenbar Verdacht erregt, weil er sich allein in seinem Zimmer befunden hatte.

Der Bischof soll den Diener für schuldig befunden – es war wohl Gottes Wille! – und wegen des Diebstahls mit dem Tode bestraft haben. Der Befehl wurde auch sogleich vollzogen, denn im Mittelalter gab es keinen Einspruch für eindeutig Schuldige.

Es vergingen einige Jahre und eines Tages wurde am Dach eines der Kirchtürme etwas ausgebessert. Dort fand man viele Rabennester und wundersamerweise befand sich in einem der Nester auch der Ring des Bischofs, wegen dem dieser einen Unschuldigen hinrichten hat lassen müssen. Deshalb hatte der Bischof jenes Wahrzeichen machen lassen – auf dass es für ewige Zeiten zur Warnung diene.

›Ergreift ihn: lebendig oder lebendig!‹

Das Kreuz am Kremmer Damm

In der Nähe von Kremmen (früher: Cremmen) zog sich vor vielen Jahrhunderten eine kleine Straße wie ein schmaler Damm durch das Luch. An dieser Stelle hatten in früheren Zeiten mehrmals bedeutende Kämpfe stattgefunden und es war dabei – wie bei fast allen Auseinandersetzungen im Mittelalter üblich – viel Blut vergossen worden.

Hier befand sich auch die Stelle, an welcher der erste Hohenzoller im Jahre 1411 gegen die Herzöge aus Pommern ein Gefecht zu bestehen hatte, in welchem unter anderen ein Ritter fiel, der ihm aus Franken her gefolgt war. Sein Name war Graf von Hohenlohe.

In Berlin erinnerte noch lange Zeit ein Denkmal in der Klosterkirche an ihn, bei Kremmen aber wurde ein hölzernes Kreuz an der Stätte errichtet, an welcher der erste Kampf stattgefunden hatte, den die Hohenzollern um die Marken zu bestehen hatten. Im 19. Jahrhundert wurde das hölzerne Kreuz durch ein stattliches eisernes ersetzt.

Die Sage hatte sich bereits frühzeitig, wie schon ältere Berichte zeigten, hier angesetzt und nicht bloß den geschichtlichen Hintergrund verwischt, sondern die Sache auch in die sogenannte Räuberzeit hineinverlegt, mit welcher das Volk damals im Allgemeinen die Zeit des Faustrechts bezeichnete.

Dort also, wo das Kreuz steht, heißt es in der Sage, war ein Herr von seinem Bediensteten erstochen worden. Auf den Kopf des Herren war ein hoher Preis ausgesetzt gewesen, aber trotzdem hatte man ihn niemals fangen können, denn er wusste immer einen Ausweg. Außerdem ließ er seinen Pferden – denn seine Mannschaft bestand nur aus ausgesuchter Kavallerie – immer die Hufe verkehrtherum aufschlagen, sodass seine Verfolger dadurch getäuscht wurden und ihn immer in entgegengesetzter Richtung suchten.

An der Stelle wurde er also – wie es vielen berühmten Anführern ergangen ist – von seinem eigenen Bediensteten erstochen, als er einmal von seinem Pferd stieg – von hinten, mit einem Degen.

Der Bedienstete hat allerdings keinen Pfennig von der Belohnung erhalten, denn wie damals üblich, war diese nur für den Fall ausgesetzt worden, dass man den Verbrecher lebendig festsetze. Deshalb wurde auch der Bedienstete ermordet – ihm jedoch wurde kein Ehrenkreuz aufgestellt. Vermutlich wurde er, wie damals üblich, einfach auf einen Acker geworfen, damit die Aasfresser seinen Leichnam entweihen konnten.

Eine teuflische Legierung

Die Schlangen von Bernau

Auf der Feldmark der Stadt Bernau soll man seinerzeit, wenn man das Läuten der Bürgerglocke hören konnte, weder Schlangen noch Nattern gefunden haben. Der Grund hierfür soll folgende Begebenheit sein:

Als vor vielen Jahrhunderten jene Bürgerglocke gegossen wurde, war es damals Umgang und Gebrauch, dass von den Leuten allerlei gespendet wurde, wie zum Beispiel Gold, Silber, Erz, Kupfer und andere wertvolle Metalle.

Es kam nach einer Weile auch eine alte Frau hinzu. Sie sagte, sie habe zwar nichts von Geldeswert, das sie der Glocke verehren könne, sie wolle aber doch der Gemeinde etwas schenken, was man nicht verachten werde. Damit ließ sie eine lebendige Schlange und eine lebendige Natter mit in den kochend heißen Guss hineinlaufen.

Die alte Frau erklärte, dass sich dadurch alle Schlangen und Nattern verziehen würden, welche damals in der Gegend so häufig waren. Und tatsächlich soll solches geschehen sein, sobald man zum ersten Mal mit der neuen Glocke zu läuten begann.

Als vor ungefähr 300 Jahren die Glocke einen Riss bekam, sodass man nicht mehr damit läuten konnte, stellte das Ungeziefer sich wieder ein. Es soll sich aber sogleich wieder getrollt haben, als die Glocke im Jahre 1649 umgegossen wurde und danach zum ersten Mal wieder läutete.

6.

Sagen und Legenden vom Teufel und von Jungfrauen

Gut gegen Böse – mit K.O. in der allerletzten Runde

Lippold von Bredow und der Teufel

Wir alle hatten vermutlich irgendwann einmal als Kind den Wunsch, bei einem Spiel nur Sechsen zu würfeln, immer die besten Karten zu erhalten oder alle Straßen beim Monopoly mit Hotels bebaut zu haben. Jeden Samstag ein Sechser im Lotto, unbegrenzte Leben bei Super Mario, jeden Tag Hamburger mit Pommes Frites und Cola. Als Kind darf man solche Träume haben, denn erst viel später wird man verstehen können, dass all das noch schneller langweilig wird als jeden Tag Urlaub zu haben und am schönsten Strand zu liegen.

Warum? Diese Frage muss sich jeder von uns selbst beantworten.

Vor vielen hundert Jahren Zeiten lebte auf der Burg Friesack ein Mann namens Lippold von Bredow, dem das Ländchen Friesack gehörte. Obgleich sein Besitz reich an Dörfern, Feldern und Wäldern war, so genügte es dem Gierigen wegen seines wilden Lebens nicht. Also soll er schließlich mit dem Teufel ein Bündnis eingegangen sein – eine Sache, von der man früher viel gefabelt hatte.

Schon sein Ahnherr Hartwig von Bredow, heißt es in der Sage, sei dem Teufel ergeben gewesen. Herr Urian habe sich ihm dienstbar gezeigt, sodass Hartwig mit seinem Wagen über Stock und Stein dahinrasen konnte, ohne den geringsten Schaden zu nehmen. Wenn es noch schneller gehen musste, fuhr er durch die Luft dahin, ohne dass der Kutscher etwas davon bemerkte.

So fuhr man auch einmal in großer Eile von Berlin nach Hause und siehe da – plötzlich stand der Wagen still und war nicht mehr von der Stelle zu bringen. Es schien, als säße er an einem eisernen Haken fest. Der Kutscher wollte absteigen und sehen, was zu tun wäre. Aber Hartwig befahl ihm, er solle sitzenbleiben und sich ruhig verhalten. Es währte nicht lange, da zogen die Pferde wieder an und es ging in gewohntem Tempo weiter. Der Kutscher wunderte sich, aber Hartwig entgegnete nur:

»Wir sind dem Kreuz auf dem Kirchturm zu Spandau zu nahe gekommen. Wärst du abgestiegen, so hättest du dir den Hals gebrochen!«

~~~

Solch ein Bündnis machte nun auch Lippel, oder wie man ihn auch nannte, Nepel von Bredow mit dem Teufel. Er versprach ihm seine Seele, wenn der Teufel ihm jedes Verlangen erfülle. Dabei aber stellte Lippold die Bedingung, dass er frei wäre, wenn der Teufel ihm einmal etwas nicht gewähren könne. Dieser Bund soll auf dem Teufelsberge im Polzichen Luch geschlossen worden sein, der von dieser Begebenheit seinen Namen erhielt.

Eine geraume Weile lebte Lippold von Bredow herrlich und in Freuden. Alle seine Wünsche wurden erfüllt, obwohl er oft die unmöglichsten Dinge verlangte. Aber der Teufel tat alles, was er wollte. So wollte der von Bredower einmal über einen See fahren, mit der größten Kutsche und vollem Vierergespann davor.

Also musste der Teufel ihm einen Damm mitten durch den See bauen, dass von Bredow immer geradeaus fahren konnte – und hinter dem Wagen musste er den Damm gleich wieder einreißen, dass niemand anders ihm nachfolgen konnte.

~~~

Mit den Jahren aber wurde es Lippold wegen dieser Vereinbarung doch etwas unheimlich zumute. Seit dieser Zeit ging er deshalb grüblerisch und trübsinnig umher und schien wie verwandelt. Er hatte mit Schrecken bemerkt, dass er sich gar nichts mehr ausdenken konnte, was der Teufel nicht gleich ausführte. Das bemerkte nach einer Weile auch sein Schäfer. Er war ein kluger, treuer Mann und fragte seinen Herrn nach der Ursache seines Trübsinns.

Lippold wusste nicht mehr weiter und erzählte ihm alles, was sich in den vielen Jahren zugetragen hatte. Der Schäfer überlegte eine Zeit lang und riet ihm dann, er solle vom Teufel verlangen, dass er ihm einen Scheffel bis zum Rand mit Gold fülle.

Diesen Scheffel aber solle er in dem tiefen Loch oben auf dem Teufelsberg anbringen und den Boden des Scheffels so einrichten, dass die eine Seite immer herunterklappe, wenn man etwas hineinschütte. Der erleichterte Lippold war über diesen Rat hocherfreut und tat sogleich alles, wie ihm der Schäfer geraten hatte. Schon in der folgenden Nacht ging er zum Teufel, der wie üblich bereit war, seine Forderung zu erfüllen.

Die Stunde der Nacht wurde festgelegt, in welcher der Teufel das Gold zum Teufelsberg bringen sollte. Als Lippold den Scheffel in das Loch eingesetzt hatte, kam auch der Teufel schon keuchend unter einem schweren Sacke voll Gold durch die Luft herangeflogen.

Aber wie viel der Teufel auch schüttete und schüttete – und obwohl er einen zweiten und dann sogar einen dritten Sack herbeiholte – der Scheffel wurde nicht voll, denn der lose Boden klappte immer wieder nach unten und das Gold fiel herab. Verwundert und verärgert rief der Teufel:

»Lippel, Lippel, Lepel, Nepel
wat hest vöörn groten Schepel!«

Noch ein weiteres Mal schleppte Meister Urian einen gewaltigen Sack voller Gold herbei, ein Mordstrumm, das größer war als alle anderen zusammen – aber es half nichts. Der Scheffel wurde nicht voll.

Dann war die Mitternachtsstunde um und ärgerlich, dass er überlistet worden war, fuhr der Teufel auf und davon. Diese List brachte Lippold von Bredow auf dem Teufelsberg zustanden – oder wie man ihn auch nennt, auf dem Lippel- oder Lepelberg. Noch heute soll man oben das tiefe Loch sehen können, über dem damals der Scheffel gestanden hatte.

~~~

Es dauerte nicht wirklich lange, da wollte der Teufel die ganze Sache aber doch nicht für richtig anerkennen. Lippold erreichte nur, dass man sich auf einen neuen Termin
~~~

einigte: »Wenn das Laub abgefallen wäre« – oder, wie einige sagen, »wenn die Bäume ihr grünes Kleid verloren hätten« –, wollte der Teufel ihn abholen. Nun hatte aber Lippold schon gelernt, wie man mit dem Teufel umgehen müsse und war zuversichtlich, dass es ihm noch ein weiteres Mal gelingen würde.

Als der Herbst da war und der Teufel ihn holen kam, führte Lippold den ewigen Widersacher in seinen Garten. Wie sie da so gingen, zeigte der Burgherr auf eine Tanne und fragte seinen Gast, ob die Nadeln nicht auch das grüne Kleid der Tanne wären. Noch einmal mit den eigenen Waffen geschlagen, konnte der Teufel wieder nichts dagegen tun und musste unverrichteter Dinge wieder abziehen.

~~~

Endlich aber soll Meister Urian doch an die Seele des Lippold von Bredow gekommen sein; wenigstens behaupteten einige Leute aus der Gegend, der Teufel habe ihn geholt.

Neben der alten Burg von Friesack hatte Lippold nämlich sein Gerichtshaus gehabt. Dieses wurde erst Mitte des 19. Jahrhunderts abgerissen und die Steine lagen noch lange Zeit später da. Dort hielt Lippel sein Gericht ab. Als nun die Zeit um war und der Teufel sich angesagt hatte, die ihm versprochene Seele zu holen, setzte Lippel sich in der Stube an den Tisch und schrieb. Er hatte einen Posten vor die Türe gestellt, der bei Todesstrafe niemand hineinlassen solle.

Nun kam der Teufel und wollte hinein. Der Posten aber wollte das nicht zulassen. Da drohte der Teufel, er werde dem Posten den Hals umdrehen, wenn er ihn nicht sofort vorbeiließe. Damit schritt er vorbei und stieß die Tür auf.

Plötzlich gab es in der Stube ein großes Geschrei und als der Posten mitsamt Verstärkung hineinkam, war nichts weiter da als die Kleider von Lippold auf der Erde – und direkt darüber an der Decke ein großer Blutfleck. So oft man auch mit Farbe über den Blutfleck gestrichen habe – er sei immer wieder gekommen.

»Die Schwester meiner Mutter«, so berichtete einer der Erzähler, »hat im Hause des von Lippold als Magd gedient und den Blutfleck mit eigenen Augen gesehen. Ich würde es nicht um alles in der Welt glauben – wenn es uns nicht ein Mitglied unserer eigenen Familie erzählt hätte.«
~~~

Nach einer anderen Erzählung soll diese Geschichte allerdings doch nicht wahr sein: Lippolds Frau soll ihn gerettet haben, und zwar zusammen mit dem Kaplan. Es habe sich nämlich alles noch zur katholischen Zeit ereignet und deshalb soll der Kaplan auch von Lippold zum Dank das Rittergut Warsow bei Friesack erhalten haben.

Als nämlich der Termin immer näherkam, an welchem der Teufel ihn holen wollte und Lippold, der sonst so lustig war, immer stiller wurde und sein Körper sichtlich dabei dahinschwand, schöpfte seine Frau Verdacht, dass etwas nicht richtig sein könne. Weil sie außerdem eine kluge Frau war, besprach sie sich mit verständigen Leuten, was man in einem solchen Fall tun könne. Aber kein Heilmittel, das ihr geraten wurde, wusste zu helfen.

Zum Glück befand sich damals in Friesack ein frommer Kaplan. Mit dem besprach sie sich auch darüber und erfuhr von ihm, dass ihr Gemahl sich dem Bösen verschrieben hatte. Beide verabredeten nun, wie sie versuchen wollten, ihn zu retten.

Lippold wurde nämlich immer unruhiger. Seine Frau sah ihn oft zittern und ängstlich zusammenschrecken, wann immer ein Reiter oder ein Reisewagen angemeldet wurde. Da sprach sie ihm nun Trost und Zuversicht zu und übernahm es, die Ankommenden zu empfangen. Lippold war es zufrieden und versprach, in seinem Zimmer zu bleiben, bis der Fremde sich entfernt hätte.

~~~

Eines Tages schließlich kam, als es mit Lippel immer übler geworden war, ein fremdländisch aussehender Reisewagen in den Hof gefahren. Zwei ebenso fremdländisch aussehende Herren stiegen aus und eilig ging Lippold in sein Gemach, während seine Frau hinausging, um die Fremden zu empfangen.

Die neu Angekommenen waren von hoher Bildung und sehr erfahren in Künsten, Sprachen und Länderkunde. Doch Lippolds Frau war gleichfalls gebildet wie belesen und dabei von so großer Anmut und feiner Rede, dass die Fremden ganz entzückt und zufrieden waren, ein gemeinsames Mahl einzunehmen und Lippolds Heimkehr zu erwarten, denn sie hätten noch ein dringendes Geschäft mit dem Hausherrn zu erledigen.

Schnell ließ die Gattin die Tafel decken, ließ die besten Speisen und Weine auffahren und lud daraufhin die Fremden zu einem Imbiss ein. Sie selbst nahm ebenfalls teil und obgleich sie ahnte, wen sie hier bewirten ließ, war sie doch so unbefangen und
~~~

liebenswürdig, wie es eine aufmerksame Gastgeberin nur sein konnte. Deshalb ließen sich die Gäste offenbar leicht dazu überreden, sich an Speise und Trank zu ergötzen, begleitet von der lieblichen Rede der Hausherrin.

Mit einem Mal fiel, wie aus purem Zufall, der Frau das Messer zu Boden. Schnell bückte sie sich, um es aufzunehmen – und sah, dass unter dem Gewand des ältesten Herrn ein Pferdefuß hervorragte. Sie erbebte kurz, hatte sich aber schnell wieder gefasst und sprach dann:

»Verzeiht es mir bitte, meine lieben Herren, dass ich Euch für wenige Augenblicke allein lassen muss.«

Damit eilte sie hinaus und sandte, wie vorher verabredet, einen Diener aus, um den Kaplan herbeizuholen. Bald erschien der Mann Gottes mit Stola und Weihrauchfass und harrte außen an der Tür des Speisesaals des weiteren Vorgehens.

Die Hausherrin selbst war flugs wieder zu den Gästen geeilt und durch noch größere Lieblichkeit und noch fesselndere Rede ergriff sie diese derart, dass sie die Zeit außer Acht ließen – und dann endlich war es geschehen:

Eben jetzt verrann der letzte Augenblick der letzten Stunde, bis zu welcher der Teufel seine Macht über Lippold von Bredow gehabt hatte!

Im nächsten Augenblick öffnete sich die große Tür des Speisesaales und hineintrat, den Weihwedel schwingend, der Kaplan mitsamt seiner Begleitung, das Zeichen des Kreuzes machend und fromme Machtworte sprechend.

Voller Entsetzen sprangen die Gäste von der Tafel auf und fuhren mit einem gewaltigen Donnergrollen und unter widerwärtigem Schwefelgestank zum Fenster hinaus.

∾∾∾

Lippold von Bredow war endlich gerettet worden!

Geschehen war es durch die Liebe seiner Gemahlin, durch ihre Furchtlosigkeit und Klugheit, sowie durch den Beistand und die überirdische Frömmigkeit des Kaplans. Dieser erhielt darauf – wie bereits vordem erwähnt und redlich verdient – das nahe Rittergut Warsow als Geschenk.

Lippold von Bredows Wort soll noch viele Jahrhunderte später gegolten haben, sodass der Oberpfarrer in Friesach nicht nur die Einkünfte davon erhalten, sondern auch Patronats- und Obrigkeitsrechte in seinem Besitz hielt.

Der Teufel hat die Musterung erfunden

Die Herkunft der von Bredow

Der Teufel soll einmal Musterung auf der Erde gehalten haben und alle die Edelleute, die nicht mehr gut tun wollten, in einen großen Sack gesteckt, diesen auf den Rücken geladen und lustig damit in Richtung der Hölle geflogen sein.

Als er sich nach einer Weile über der Stadt Friesack befand, streifte der Sack unversehens an der Spitze des Kirchturms. Es wurde dadurch ein großes Loch hineingerissen und ein großer Teil der Edelleute – man sagt, ungefähr ein Viertel der Bewohner des Sacks – sei herausfallen, ohne dass der Teufel es bemerkt hätte.

Diese aber sollen niemand anders gewesen sein als die Herren von Bredow, die nun nicht wenig froh waren, den Krallen des Teufels für diesmal entkommen zu sein. Zum Andenken nannten die von Bredows die Stadt, in welcher der Sack das Loch bekommen und sie befreit hatte – frei, Sack – Freisack oder Friesack.

Einige meinten jedoch, dass der Prediger von Friesack seine Hand im Spiel gehabt hatte, dass der Teufel mit dem Sack an der Kirche vorbeigeflogen sei und dieser so ein Loch bekommen hätte.

Der Prediger hätte angeblich gerade vor der Kirche gestanden, als der Teufel mit dem Sack über den Ort hinweggezogen sei. Als der Mann Gottes dies gesehen hatte, habe er einen geheimen Bann gesprochen, dass dem Teufel ganz komisch geworden sei und er in einem Augenblick der Unachtsamkeit mit dem Sack gegen die Kirchturmspitze geflogen sei.

Das sei nämlich der wahre Grund gewesen, weshalb die von Bredows der Kirche das ganze Rittergut Warsow geschenkt hätten, welches noch viele Jahrhunderte im Besitz des Oberpredigers von Friesack war – wie schon oben in der Lippold-Lippel-Nippel-Nepel-Sage erwähnt – mit allen Patronats- und Obrigkeitsrechten.

Er kann mehr, als nur Brot essen.
Die Geschichte vom Müller Pumpfuß

Das »Deutsche Wörterbuch von Jacob Grimm und Wilhelm Grimm, Lfg. 6 (1861), Bd. III (1862), Sp. 1435, Z. 26.« schreibt zur Definition des Wortes »Feierbursch(e)« Folgendes:

»FEIERBURSCH, m: *bei den beckern ein ohne arbeit auf der herberge liegender gesell. auch bei den müllern, s. Kuhns westfäl. sagen 2, 283. 286. der seit michael 1827 im gasthofe zu Gestewitz als feierbursche in diensten gestandene M. Heilmann 31 jahre alt. steckbrief des sächs. amts Borna von 1828. s. feise.«*

Es empfiehlt sich immer wieder, Texte aus vergangenen Zeiten streng im Kontext ihrer Zeit zu lesen und nicht mit unserem heutigen Verständnis der Begriffe zu deuten. Wer das nicht tut, reißt diese Texte aus ihrem zeitlichen Umfeld und wird mit großer Wahrscheinlichkeit an ihrer Deutung scheitern, oder diese zu etwas verzerren, das nicht im dem Originaltext zu finden war.

So können selbst vergleichsweise einfach verständliche Dinge wie »Feierbursch«, »Feierabend« oder »krank feiern« schnell Bedeutungen annehmen, die nicht im Sinne des damaligen Autors oder der damaligen Autorin waren.

Vom Müller Pumpfuß und seinen Streichen wusste man im vorletzten Jahrhundert noch in der ganzen Mark zu erzählen, besonders freilich in der Ucker- und Neumark. Man sagte von ihm, dass er mehr konnte als Brot essen, aber Müller Pumpfuß hatte offenbar nirgends seine Ruhe und wanderte gerne als Feierbursch umher.

Wehe aber den anderen Müllern, wenn sie ihn nicht gut aufnahmen oder gar die Frau Meisterin ihm sogar einen Imbiss versagte. Dann spielte er ihnen gerne einen argen Streich als Gegenleistung.

Dann geschah es zum Beispiel, dass Müller Pumpfuß einen Mühlstein – der in der Regel so groß war, dass ihn vier Pferde kaum von der Stelle bringen konnten – auf den Rücken nahm und damit aufs Dach kletterte. Dort ließ er ihn dann einfach liegen, sodass der Müller und alle seine Gesellen ihn nur mit der äußersten Mühe wieder herunterbrachten.

~~~
~~~

~

Einmal kam Müller Pumpfuß zu einer Mühle, in welcher der Mann gerade nicht zu Hause war und sprach als Feierbursch um Frühstück an. Die Müllerin legte ihm Butter und Brot vor, aber in der Ofenröhre hatte sie einen Braten für ihren Mann. Pumpfuß bemerkte das gleich und fragte, ob sie nicht noch etwas Fleisch hätte. Die Frau aber sagte »nein«. Danach ging Müller Pumpfuß fort, ohne Adieu zu sagen.

Mit einem Mal hörte die Frau über ihrem Schornstein etwas rasseln und als sie hinaufblickte, befand sich der Läufer (der oberste Mühlstein) über dem Schornstein und drehte sich wie toll. Nun hatte sie verstanden, wer der Feierbursch war. Sie schickte ihm schnell einen Gesellen nach und ließ diesen bitten, dass Müller Pumpfuß zurückkomme – sie hätte auch Braten für ihn. Pumpfuß ließ sich erst eine geraume Weile bitten, dann aber ging er zurück und frühstückte rechtschaffen. Schon nach dem ersten Bissen seines Frühstücks war der Läufer wieder an Ort und Stelle und die Mühle lief weiter, als sei nichts geschehen.

~~~

Ein anderes Mal kam Müller Pumpfuß an einer Windmühle vorbei und hörte, dass eben scharf gemacht wurde. Er ging hinauf, sprach den Handwerksgruß und fragte:

»Ist's erlaubt, scharf zu machen?«

Die Antwort kam postwendend:

»Immerzu!«

Also machte Müller Pumpfuß sich an die Arbeit, stellte sich an den Läufer und legte los. Er arbeitete und arbeitete, aber niemand bot ihm etwas an, weder zu essen noch zu trinken. Endlich wurde Müller Pumpfuß die Zeit doch etwas zu lange:

Er steckte den Bickenstiel durch das Loch des Läufers, hob ihn sich auf die Schulter und ging zum Wirtshaus. Dort legte er den Stein nieder und frühstückte.

Aber es dauerte nicht lange, bis der Meister und sein Geselle kamen und Müller Pumpfuß baten, doch wieder zurück zum Müllerhaus zu kommen. Erst nachdem er sie eine Weile hatte zappeln lassen, ließ er sich erweichen, stand auf und nahm den Läufer mit. Der Müller hatte längst verstanden, mit wem er es hier zu tun hatte, und deshalb gab es nachher für den Gast das Beste aus Küche und Keller.
~~~

Wenn es Müller Pumpfuß ab und zu einmal einfiel, ordentliche Arbeit auf einer Mühle zu nehmen, dann stellte er gewöhnlich so viel Unsinn an, besonders wenn ihm eine außergewöhnlich harte Arbeit auferlegt wurde, dass man stets froh war, wenn er endlich wieder das Haus verließ.

Einst war Müller Pumpfuß Bescheider auf einer Windmühle. Dann kam eines Tages die Frau Meisterin zu ihm herauf und bat ihn, ihr ein wenig Kaffeeholz zu hauen. Pumpfuß ärgerte sich über diese Zumutung, sagte aber scheinbar ruhig, sie möchte nur etwas warten, er würde gleich etwas Holz besorgen. Plötzlich aber knisterte und knasterte es gewaltig im Kammrad, dann im Getriebe – und mit einem Mal brachen alle Kämme aus dem Kammrad heraus, und fielen der Frau zu Füßen.

»So, da ist Kaffeeholz«, sagte Müller Pumpfuß.

Aber die Frau war bleich vor Schreck und konnte kein Wort hervorbringen, einerseits wegen der Frechheit ihres Angestellten und andererseits wegen des großen Schadens an der Mühle. Sie bedauerte, dass sie Müller Pumpfuß Arbeit gegeben hatte.

Der aber machte sich nichts aus dem langen Gesicht der Frau und ging zur Scheune. Dort holte er ein Bund Stroh, schnitt die Ähren ab und steckte sie in die Kammlöcher. Dann ließ Müller Pumpfuß die Mühle wieder anlaufen und – siehe da! – es ging alles wieder so frisch wie vorhin. Die Müllerin aber hatte ihn nie wieder mehr nach Kaffeeholz gefragt.

~~~

Zuletzt hat es aber doch kein gutes Ende mit Müller Pumpfuß genommen. Er kam nämlich eines Tages zu einer Mühle, die hatte zwölf Gänge und alle liefen prächtig. Aber es gab auch noch einen Gang, auf dem durfte niemand mahlen. Dieser dreizehnte war verschlossen – denn das war der Gang, auf dem der Teufel höchstpersönlich mahlte.

Der Müllermeister kannte Müller Pumpfuß und versprach eine hübsche Stange Geld, wenn er ihm den dreizehnten Gang auch freimachte. Da ging Müller Pumpfuß in den Gang hinein und redete mit dem Teufel. Der gab seine Zustimmung, ja, er wolle weichen – wenn Müller Pumpfuß ein halbes Jahr lang keine Kunststücke mehr machen und keinen Branntwein mehr trinken wollte. Das versprach Pumpfuß und sagte dann dem Müller, er würde in einem halben Jahr wiederkommen, dann sollte der dreizehnte Gang frei sein.
~~~

Am letzten Tag vor Ablauf des halben Jahres kam Müller Pumpfuß wieder. Ausgerechnet an diesem Tag aber veranstalteten die Gesellen ein großes Fest und redeten Müller Pumpfuß zu, dass er auch etwas von dem köstlichen Bier trank.

Aber die Zeit war noch nicht ganz verflossen und es hätten nur noch wenige Stunden gefehlt – aber dicht daneben ist leider auch vorbei. Als Müller Pumpfuß einmal hinausging und nicht wieder kam, gingen sie ihn suchen. Als sie ihn fanden, war ihm der Hals umgedreht worden – denn der Teufel hatte es gar nicht gern, wenn jemand sein Wort nicht halten wollte.

7. Sagen und Legenden von Bergen, Burgen, Schlössern und Seen

Eine entfernte Verwandte der weißen Frau

Die Müggelberge und die Prinzessin vom Teufelssee

Die nachfolgende Sage wird – ebenso wie die Sage der weißen Frau im königlichen Schloss – in vielen Varianten erzählt. Im mittel- bis norddeutschen Raum schien im Mittelalter bei vielen Menschen ein Faible für »die weiße Frau« oder »die weiße Jungfrau« zu bestehen, vielleicht als Projektionsfläche seinerzeitiger Wünsche, vielleicht als eine Idealisierung oder als Verklärung einstiger realer oder mythischer Figuren, die vom frühen Christentum als »Heidenglaube« gebrandmarkt und verboten worden waren.

Leider – und diese Klage wird Ihnen vielleicht bekannt vorkommen – sind viele Versionen dieser Sage offensichtlich mit anderen Inhalten in Verbindung gebracht worden. Das muss keinesfalls eine böse Absicht gewesen sein, denn schließlich war das Hauptziel einer erzählten Sage die Unterhaltung der zuhörenden Personen – sei es in der Spinnstube, dem Gemeindehaus, der Trinkhalle (des Autors Lieblingssynonym für Wirtshaus) oder den eigenen vier Wänden.

Die von Wilhelm Schwartz wiedergegebene Form mag zwar deutlich kürzer sein als die anderer Vertreter, doch wollen wir der Glaubwürdigkeit den ersten Rang einräumen und können uns dabei außerdem an Schwartz' unbefangener Ehrlichkeit der Erzählung ergötzen.

Im Osten von Köpenick (bis 1931 offiziell: Cöpenick; früher auch: Köpnick) bilden die Spree und die Dahme eine Insel, auf welcher sich der Höhenzug der Müggelberge (früher auch: Müggelsberge) hinzieht. Dicht mit Wald bewachsen bieten sie von ihren freieren Spitzen aus eine prächtige Fernsicht. Nach Norden streckt sich in voller Breite der Müggelsee hin; an seinem Ostende, wo die Spree in denselben eintritt, ragt der Turm von Rahnsdorf hervor.

Weiter hinüber zieht sich ein blauer Streifen von Wald am Horizont hin und im Osten und Süden überall nichts als Wald, durch den nur hier und da der Wasserspiegel der Dahme hervorglitzert. Nur nach Westen hin erinnert es an die Kultur der Menschen und die Gegenwart, denn nicht weit davon liegt Köpenick mit seinem Schloss und am fernen Horizont sieht man bei hellem Sonnenschein die Türme und Schornsteine Berlins in voller Breite sich ausdehnen. Auf den Bergen und im Wald, da lebt aber noch die Vergangenheit – ein gutes Stück märkischer Sage ist hier haftengeblieben.

Zu Zeiten, heißt es, lässt sich auf den Müggelbergen ein Getöse von Jagdhörnern und Gebell von Hunden hören. Es ist die »wilde Jagd« – von der man überall in der Mark, wo noch Wald ist, weiß –, die über die Berge zieht. Besonders aber spricht man viel von der Prinzessin am Teufelssee.

Einige sagen zwar, sie ließe sich auf dem Schloss sehen. Dort sehe man öfter des Mittags oder des Nachts im Mondenschein ihren weißen Schleier oben von der Plattform, wo die Regelbahn ist, herabwehen und höre oft auch deutlich ein Klappern, als ob jemand die Treppe mit ihren vielen Stufen hinabginge.

Das ist aber nicht richtig oder ist etwas anderes, denn die Prinzessin hat ihr Wesen am Teufelssee. Der liegt am Nordabhang eines der letzten Berge tief im Waldesdunkel. Wenn im Sommer die weißen Wasserlilien darauf schwimmen und die Sonne durch die Bäume scheint, dann macht er sich ganz schön.

Sonst aber sieht er mit seinem dunklen, fast schwarzen Wasser, rings vom Moorgrund umgeben, inmitten der dunklen Fichten ganz unheimlich aus. Die Leute sagen auch, er sei unergründlich und so oft man es auch versucht hat mit den längsten Stangen und Ketten, man ist noch nie auf den Grund gekommen.

Dort also soll das Schloss der Prinzessin versunken sein.

~~~

Andere meinen freilich, es sei in den Berg gesunken und wo in der Nähe des Teufelssees noch jetzt ein großer Stein liege, dort ginge es hinab. Da sähe man sie auch oft des Abends als altes Mütterchen am Stabe gebückt hervorkommen, ein Kästchen schieren Goldes trage sie in der Hand, das solle der erhalten, der sie erlöse – denn wegen Untreue, behauptet man, sei sie von ihrem Bräutigam verwünscht worden.

Besonders aber lässt sie sich am Teufelssee selbst sehen. Da treibt sie entweder als ein Schwan auf dem Wasser oder sitzt als schöne Jungfer am Ufer und wäscht sich und kämmt ihre langen, blonden Haare. Namentlich kommt sie, heißt es, alljährlich am Johannistage herauf, denn das ist der Tag, wo sie erlöst werden kann.

So sah sie einmal ein kleines Mädchen aus Köpenick. Das hatte mit seiner Mutter Beeren im Walde gesucht, war aber von ihr abgekommen und irrte nun weinend am Teufelssee umher. Da hat die Prinzessin es dann mit sich hinuntergenommen in ihr Schloss – und reich beschenkt wieder entlassen.

Es hat ihm auch nichts geschadet, wie jenem anderen Kind, das sich auch am Teufelssee verirrt hatte. Zu diesem war der Wassermann als ein freundlicher, alter Mann gekommen und hatte es gespeist. Das Kind hat sich immer wieder nach dem See und dem Manne, der ihm so schönes Essen gebracht hatte, zurückgesehnt und ist bald gestorben. Dem hatte es der Wassermann angetan.

~~~

Was nun aber die Prinzessin anbetrifft, so muss, wer sie erlösen will, diese in der bestimmten Nacht um zwölf Uhr nach Köpenick hinein- und dreimal um die große Kirche herumtragen.

Einmal hat es auch schon einer versucht, aber es ist ihm nicht geglückt. Es war ein Fischer aus dem Kietz (heute vermutlich: Kiez) von Köpenick, den soll die Prinzessin im Traum gerufen und ihm alles gesagt haben, was er tun müsse.

Andere sagen, als er seine Netze am hellen Mittag einmal ausgeworfen, da sei ein mit vier Pferden bespannter Wagen, auf dem eine große weiße Gestalt gesessen, von den Müggelbergen heruntergekommen – die Pferde hätten aber keine Köpfe gehabt. Das sei die Prinzessin gewesen und da habe sie ihm alles angegeben. Vor allem habe sie ihm aber gesagt, er sollte sich ja nicht umsehen und kühn zugehen, es komme, was da wolle, dann werde ihm auch nichts geschehen.

Zur bestimmten Zeit stellte er sich auch ein, und zuerst ging alles ganz gut. Schlangen und anderes Ungetüm kamen ihm in den Weg, er trat auf sie, als wäre es nichts, und schritt weiter. Allerhand Blendwerk kam ihm entgegen, ein großer Wagen, mit Mäusen bespannt und andere Ungeheuerlichkeiten – es rührte ihn nicht.

Doch immer schwerer wurde die Prinzessin, so federleicht sie zuerst gewesen. Schon war er glücklich nach Köpenick hineingekommen und hatte den Gang um die Kirche angetreten. Es kümmerte ihn nicht, dass die Wilde Jagd ihm entgegenkam. Wirre Gestalten, die Köpfe unter dem Arm, mit feurigen Augen. Als er bald am Ziel war, leuchtete es hinter ihm, als wenn ganz Köpenick in Flammen stände. Erschrocken sah er sich um – da entglitt ihm die Prinzessin.

Alles war verschwunden. Er hörte nur noch ihr Wimmern, mit dem sie wieder versank. Zugleich traf ihn ein Schlag, der ihn niederwarf, dass man ihn besinnungslos dort fand und er nur noch wenige Tage lebte.

~~~

Das ist schon lange her, und seitdem hat es keiner wieder versucht. Überhaupt hat die Prinzessin sich immer seltener sehen lassen, aber richtig ist es doch nicht am Teufelssee, und passieren tut doch gelegentlich immer noch etwas dort.

Es ist noch nicht lange her, da war einmal ein Mann aus Köpenick am Johannisabend nach Müggelsheim – der Pfälzer Kolonie, welche jenseits der Berge liegt — gefahren, sodass es finster war, als er zurückfuhr.

Wie er nun an den Teufelssee kommt, stutzen seine Pferde plötzlich und wollen nicht weiter, sodass ihm ganz unheimlich zu Mute wird und er sie nun mit aller Gewalt antreibt. Da bäumen sie sich hoch auf und laufen eilig davon.

Ob die Prinzessin dagewesen, wusste er nicht genau anzugeben, aber in den Fichten ließ sich ein wunderbares Getöse hören und allerhand seltsame Gestalten flogen zwischen den Bäumen dahin, sodass er Gott dankte, als er endlich glücklich nach Hause kam.
~~~

Von solchen Prinzessinnen oder weißen Frauen, die sich sehen lassen, erzählt man auch sonst noch viel in der Mark an den verschiedensten Stellen. Das stammt noch aus der alten Heidenzeit her, wo unsere Vorfahren an derartigen Spuk glaubten.

Kein Froschkonzert mehr

Die stillen Frösche zu Schwante

In dem kleinen Dorf Schwante unweit Kremmen befand sich ein Rittersitz der Familie von Redern. Dort fand man die Merkwürdigkeit vor, dass – so viele Frösche sich auch dort in der Umgegend fanden – auf dem Rittersitz und dessen weiter Umgebung kein Frosch seine Stimme hören ließ.

Wenn jedoch einmal ein Frosch etwas lauter wurde, so bekam er von den anderen keine Antwort und hörte schnell wieder auf – als wenn ihm plötzlich eingefallen wäre, dass er etwas Verbotenes tue oder als wenn ihm wegen seines Quakens ein Vorwurf gemacht werde. Man erzählte sich folgende Ursache dieser sonderbaren Erscheinung:

Vor vielen Jahren fiel einmal im Frühling eine schwere Krankheit über einen der Herren von Redern. Diese Krankheit bereitete seinem Geist fortwährend eine große Unruhe. Diese Unruhe nahm allerdings auffallend zu, sobald er das Geräusch eines Frosches vernahm. Er konnte dann mehrere Nächte lang keinen Schlaf finden.

Dieser Zustand wurde so schlimm, dass er zuletzt gar keinen Schlaf mehr fand und dass kein Mittel der Ärzte imstande war, ihm seinen gesunden Schlaf wiederzugeben. Vergebens versuchte man daraufhin alles, um die lästigen Frösche zu vertreiben oder zum Schweigen zu bringen – was freilich ein vergebliches Unterfangen war. Deshalb wurde es nicht besser und man wollte schon nicht mehr an eine Genesung des Herrn von Redern glauben. Er verfiel jeden Tag mehr und seine Frau hatte deshalb alle Tage weinende Augen.

Eines Tages kam ein fremder, armer Mann ans Schloss und bettelte um ein wenig Brot. Der sah die tränenfeuchten Augen der Edelfrau und fragte, um welches Leid sie weine. Man berichtete ihm, dass der Herr des Hauses krank sei und wegen des Geschreis der Frösche keinen Schlaf mehr finden könne und vermutlich nicht mehr lange zu leben hätte. Da sprach der Bettler:

»Wenn Eurem Herrn damit geholfen ist, sollen die Frösche bald stillschweigen.«

Dieses Erbieten wird erst der Frau und hernach dem Herrn von Redern selbst vorgebracht. Der befiehlt, dass man dem armen Mann einen großen Sack Roggen geben solle, wenn er sein Versprechen in die Tat umsetzen könne.

Nun verließ der Bettler das Schloss und umschritt dasselbe in einem weiten Kreis – so groß, dass kein Laut der Frösche jemals wieder dem Herrn von Redern schaden könnte. Der arme Mann muss offenbar gewusst haben, was er tat, denn nachdem er seinen Kreis fertig gegangen hatte, hörte das Geplärre der Frösche sofort auf.

Und so ist es seitdem dort mit den Fröschen geblieben. Es hatte sich, nachdem der fremde Mann wieder gegangen war, kein Frosch jemals wieder hören lassen. Der Mann hatte seinerzeit noch hinzugefügt, dass dies nur hundert Jahre andauern werde – weil man aber nicht mehr genau weiß, wann sich dies alles ereignet hatte, kann niemand mit Sicherheit sagen, wann die hundert Jahre um sind.

›Hier ist Nix zu sehen!‹

Selbergedan und der Wassernix

In den Zeiten unserer Vorfahren hatte man oft Sorge auf dem Lande, zu verhüten, dass kleine Kinder nicht ins Kornfeld gehen und sich dort verlaufen, oder dem Wasser zu nahe kommen, hineinfallen und ertrinken. Deshalb erschreckte man sie nach alter Weise damit, dass man sagte, im Kornfeld säße eine böse Hexe: die Roggenmuhme. Im Wasser sitze der Wassermann, der die vorwitzigen Kinder, welche in seine Reichweite kämen, mit einem Haken hinabzöge.

Überhaupt ließ man damals von jedem tiefen Wasser, hauptsächlich Weihern und Seen, entweder verlauten, diese seien unergründbar tief oder es wohnten Nixen darin – oder auch gleich beides. Wenn der Nix – welchen man sich damals als ein kleines, graues Männchen vorstellte – sich sehen ließ, behauptete ein alter Aberglaube, es müsse bald ein Mensch ertrinken. Von vielen Seen rund um Berlin, so zum Beispiel vom Rummelsburger See, ging die Sage, »er« fordere alljährlich sein Opfer.

Insbesondere fürchtete man den Johannistag, wie es auch in anderen Regionen Deutschlands Brauch war. Aber auch sonst verkehren die Nixen in den Sagen mit den Menschenkindern, haben aber meist immer etwas Tückisches an sich. In dieser Hinsicht soll aber einmal ein Nix in einem Schiffer, wie man an der Havel erzählt, seinen Meister gefunden haben.

An der Havel lebte nämlich vor langer Zeit ein Schiffer, der hatte sich vor den Wind gelegt und wollte sich ein Gericht Fische fangen. Als er nun genug geangelt hatte, machte er sich ein Feuer an, um sie zu braten. Als der Angler nun die Fische in der Pfanne über dem Feuer hatte, es war um die Dämmerung, kam ein Wassernix aus der Havel zu ihm. Es war ein ganz kleines Kerlchen, so groß wie ein Hahn. Er hatte eine rote Kappe auf, stellte sich neben den Angler und fragte ihn, wie er heiße.

»Wie ich heiße«, sagte der Fischer, »ich heiße Selbergedan.«

»Na«, sagte der Wassernix. Er konnte kaum sprechen, weil er den ganzen Mund voller Frösche hatte, und murmelte zwischen diesen hindurch:

»Selbergedan, ich bespeie dich!«

»Ja«, sagte der Schiffer, »das sollst du gerne versuchen, denn dann nehm' ich mir einen Stock und schlag' dich krumm und lahm!«

Aber der Wassernix kehrte sich nicht darum und sagte noch einmal:

»Ich bespeie dich!«

Und tatsächlich – ehe der Schiffer sich versieht, speit er ihm die Frösche in die Pfanne. Da nahm der Schiffer seinen Stock und schlug gewaltig auf den Wassernix los, dass dieser ganz jämmerlich anfing zu schreien. Plötzlich steckten alle Wassernixen ihre Köpfe aus dem Wasser und fragten ihren Kompagnon, wer ihm denn etwas getan hätte, dass er so schreie. Nun antwortete der Wassernix wahrheitsgemäß:

»Selbergedan!«

Als die anderen Nixen das hörten, sagten sie:

»Hast du dir selber etwas getan, dann ist dir nicht zu helfen.«

Schon waren sie alle wieder untergetaucht. Da sprang auch der geschlagene Wassernix wieder in die Havel. Seitdem hat er nie mehr einen Schiffer bespien.

Ein Sinfonieorchester unter Wasser

Der Blumenthal'sche See

Allein in Deutschland existieren hunderte von Orten und Weilern, ehemaligen und noch existierenden Gemarkungen, Tälern und Landschaften, welche über die Jahrhunderte hinweg als Blumenthal (oder Blumental) bezeichnet wurden.

Um Berlin herum scheint es mindestens ein halbes Dutzend Blumenthals zu geben, sodass – leider! – nicht sicher gesagt werden kann, um welches sich diese Sage dreht. Eine von Wilhelm Schwartz notierte Quelle legte Blumenthal offenbar »in den Nordosten von Strausberg, westlich von Prötzel«. Dort befindet sich tatsächlich ein noch heute als Blumenthal bezeichnetes Landschaftsschutzgebiet – und das Forstamt Tiefensee.

Seit vielen Jahren erzählten die Leute, dass die Stadt, welche einst im Blumenthal gestanden hatte, in dem dortigen schönen See untergegangen sei. Daher soll auch der große, gelbe, ganz mit Eisen beschlagene Koffer dort hineingekommen sein. Man sah nämlich zuweilen einen solchen Koffer dort auf dem Wasser schwimmen, aber kein Mensch konnte ihn herausziehen.

Auch wenn die Fischerknechte ihn mit Stricken herausziehen wollten und ihn oft schon ganz sicher zu haben glaubten, waren die Stricke plötzlich wie abgeschnitten, und der Koffer wieder an der alten Stelle – tief im Blumenthal'schen See.

Überdies war das Herausziehen offenbar sehr gefährlich, denn mancher, der es versuchte, war schon dabei im See ertrunken. Es soll sich aber etwas sehr Wunderschönes darin befinden, denn am zweiten Adventstag könne man den ganzen Tag über eine herrliche Musik hören, wie von Pauken und Trompeten und auch Gesang – und alles komme aus dem Koffer.

Ein Schäfer weilte vor vielen Jahren gerade an diesem Tag mit einem alten Fischer und noch anderen dort in der Nähe. Es hatte ihnen allen schon den ganzen Tag eine Musik in den Ohren gelegen und als sie nun dem See näherkamen, wurde diese immer deutlicher. Als sie endlich am Ufer angelangt waren, erblickten sie den Koffer und hörten die Musik in ihrer ganzen Schönheit.

~~~

Etwas noch Wunderbareres soll man angeblich noch am Neujahrstage dort erleben können. Dann sähe man Leinen quer über den ganzen See gezogen und auf diesen Leinen hänge nur allerfeinste Wäsche: wunderschöne Hemden, Überzüge, Handtücher, Laken und dergleichen mehr – dass sie jeder gern haben möchte, der sie einmal gesehen hat.

An diesem Tag führen dann plötzlich ordentliche, aus Rasen gemachte Stufen zum See hinab und es scheint alles so recht einladend gemacht, dass man nur die Wäsche zu holen brauche.

Eine Frau kam nun einmal genau am Neujahrstag des Weges und da der See an dem Tage immer zugefroren ist – heute aber gerade so fest war, dass man noch die Spuren der schweren Holzwagen sah, die darübergefahren waren –, konnte sie dem Gelüste nicht widerstehen und wollte eines der schönsten Linnenstücke für sich haben.

Aber als sie zu den Leinen ging und nur kaum die erste Klammer angerührt hatte, gab es ein fürchterliches Krachen! Das Eis brach unter ihr zusammen und sie wäre ganz sicher ertrunken, wenn ihr nicht die Fischer, die gerade dort fischen wollten, im letzten Augenblick zu Hilfe gekommen wären.

Andere Quellen erzählen allerdings, dies soll sich nicht auf dem Blumenthal'schen See, sondern auf dem Straussee zugetragen haben.
~~~

›Störe meine Kreise nicht!‹

Der Wunderkreis auf dem Hausberg bei Neustadt-Eberswalde

Auf dem Hausberg bei Neustadt stand ehemals eine alte Burg, deren Gemäuer noch viele Jahre danach sichtbar gewesen, später aber zum Bau der Kirchhofmauer benutzt worden war. Hier ließ sich öfter eine weiße Frau mit einem großen Schlüssel sehen, die sich auch zuweilen in einen großen schwarzen Hund verwandelte und in dieser Form die Gegend durchstreifte.

~~~

In späteren Jahren hatte sich der Hausberg oben ganz eingeebnet und nur der sogenannte Wunderkreis befand sich dort. Das war ein aus vielen Kreisen bestehender, durch Rasenstücke geschaffener Gang, der solcherart in sich und durcheinander verlief, dass, wenn man ihn zu Ende ging, man an derselben Stelle wieder ankam, an der man hineingegangen war. Früher liefen die Kinder zu Ostern hindurch und es war allgemeiner Brauch, dass der ihn am schnellsten durchlaufende Knabe eine Belohnung in Form von Ostereiern erhielt.

Diesen Kreis, sagte man, habe ein alter Schäfer gemacht, der sich dadurch vom Tode gerettet hatte. Man hatte ihm versprochen, ihm das Leben zu schenken, allerdings nur unter der Bedingung, dass er einen solchen Wunderkreis schaffe, was ihm dann auch zum Glück gelungen war.

Andere Quellen berichteten allerdings, der Schäfer hätte hingerichtet werden sollen. Kurz vor seinem Tode sei sein letzter Wunsch gewesen, dass ihm gestattet werde, noch einmal die herrliche Aussicht auf das Tal vom Hausberg aus genießen zu dürfen.

Dieser Wunsch wurde ihm gewährt und wie er nun so auf dem Berg umherging, schleifte sein Stock hinter ihm her und bildete so den Wunderkreis. Niemand weiß allerdings zu berichteten, was der Schäfer verbrochen hatte, dass man ihn zum Tode verurteilt hatte – oder ob diese furchtbare Strafe überhaupt der Tat angemessen war.
~~~

8.

Sagen und Legenden von Geistern, Gespenstern und anderen Gesellen

»Diesem müssen alle weichen
und vor ihm die Segel streichen.«

Wo man Bernauer Bier holt

Man erinnere sich, dass das deutsche Reinheitsgebot erst im Jahre 1516 verabschiedet wurde. Die Gründe dafür waren vielfältig und bezogen sich teilweise auf bereits bestehende, durchaus ähnliche Vereinbarungen. Bier war schon damals seit Jahrtausenden als Kulturgut bekannt und auch König Hammurabi – Lichtgestalt und Teamchef von Sumer und Akkad – genehmigte sich gerne ein frisch Gezapftes, wenn seine Lieblingsmannschaft FC Babylon gegen den verhassten Rivalen Borussia Assyrien aufs Feld zog.

Eine der Hauptvorgaben für die weltmeisterliche Kombination »Hopfen, Malz, Hefe, Wasser« war jedoch, dass keine »besonderen Zutaten« mehr hinzugefügt werden durften.

Wenn der Braumeister heutzutage seinem Bier eine kräftige, dunkle Farbe geben möchte, nimmt er zum Beispiel geröstetes Malz. Zudem kann er den exakten Dunkelheitsgrad auf der genormten EBC-Skala angeben, sodass jeder Kunde weiß, worum es sich handelt.

Auch früher gab man nach dem Brauen Dinge hinzu. Mit der weit verbreiteten Beigabe von Baumrinde oder rotem Wein hätte Ihr Autor noch leben können. Ebenfalls verbreitet war jedoch das Beigeben von Ruß. Aus deutschen Öfen frisch in Ihr Glas. Zum Wohl!

Andere »besondere Zutaten« zum Bier (und Wein) waren zum Beispiel Pilze, Stechapfel, Bilsenkraut und Tollkirschen. Gab es alles steuerfrei in Wiese und Wald. Kein Wunder also, wenn sich die Kyritzer nach einem Schluck »Bier« gleich die Nasen glattbügelten.

In den vergangenen Jahrhunderten des Mittelalters braute fast jede Stadt in der Mark ihr eigenes Bier, in der Regel ein Gerstenbier. Gardelegen braute sein »Garlei«, Brandenburg den »alten Klaus« und den »jungen Klaus«, welche beide nach den Braumeistern benannt worden waren. Kyritz braute ein Bier, das man angeblich »Mord und Totschlag« nannte. Dieser Name soll entstanden sein, weil es leicht zu Kopf stieg und oft Schlägereien verursachte. Besonders berühmt aber war das Bernauer Bier. In einem alten Lied heißt es:

»Zerbster, Krossner und Ruppiner,
Breihan auch von Halberstadt,*
Duckstein, Cottbusser, Berliner,
Was man sonst für Tränke hat.

Alles sind zwar gute Säfte,
Doch Bernauer gibt mehr Kräfte.
Diesem müssen alle weichen
Und vor ihm die Segel streichen.«

Vom Bernauer Bier wird außerdem eine besondere Bierprobe berichtet: Sobald es geprüft werden sollte, wurde im Rathaussaal etwas davon über die Stühle gegossen. Wenn nun die Ratsherren sich hinsetzten und mit ihren ledernen Hosen so fest saßen, dass sie beim Aufstehen den Stuhl mit in die Höhe zogen, dann galt es als stark genug.

~~~

Von der Dauerhaftigkeit und Güte des Bernauer Bieres soll man in Berlin immer eine alte Geschichte erzählt haben, die sich zur Zeit des Dreißigjährigen Krieges zugetragen haben soll. Ein Bernauer Junge war bei einem Berliner Schuhmacher in die Lehre gebracht worden. Es waren keine goldenen Tage für ihn – Lehrjahre sind eben keine
~~~

Herrenjahre. Allerdings waren seine Tage oft nicht einmal erträgliche, denn insbesondere die Meisterin führte ein strenges Regiment. Deshalb erschrak der Junge sehr, als diese ihm gleich in den ersten Tagen eines Nachmittags, als einige ihrer Verwandten zu Besuch waren, eine zinnerne Kanne gab und ihm auftrug, Bernauer Bier zu holen.

Der Junge war noch nicht mit allen Sitten des Erwachsenenlebens vertraut – und dass es Bernauer Bier in Berlin geben könne, dieser Gedanke kam ihm gar nicht in den Sinn. Zu fragen getraute er sich auch nicht, weil es sonst wieder eine der barschen Antworten setzen würde, und so wanderte er denn zum damaligen Georgentor hinaus – welches früher Oderberger Tor geheißen hatte und das man später Königstor nennen würde –, um aus seiner Vaterstadt Bernauer Bier zu holen.

Zum großen Erstaunen seiner Eltern kam er spät abends dort an. Ihr Erstaunen wuchs noch weiter, als sie den Grund hierfür hörten. Was sollte man mit dem Jungen machen? Nachdem er ausgescholten worden war – denn nichts unterstreicht elterliche Hilflosigkeit mehr als das Anbrüllen kleiner Kinder – schickte man ihn früh zu Bett, damit er am nächsten Morgen frisch sei für den Weg zurück nach Berlin.

Am nächsten Tag füllten sie ihm den Krug mit Bier und gaben ihm noch Eier, Speck und dergleichen für die Frau Meisterin mit, damit er sie etwas besänftigen könne. Je länger der Junge aber unterwegs war, desto unheimlicher wurde ihm der Gedanke, vor die unbarmherzige Frau treten zu müssen. Schließlich fasste er seinen Entschluss: Er vergrub die Kanne in einem Steinhaufen und ging hinaus in die Welt – denn etwas Besseres als Meckern und Grobheit lässt sich überall finden. Die Jahre gingen dahin. Es waren damals wilde Zeiten, wo man nicht weiter nach einem solchen Knaben fragte.

Denken Sie das nächste Mal an diese Zeile, wenn Sie meinen, dass früher alles besser war. Auch wenn es sich hier nur um eine Sage handelt – die außerdem gut ausgehen wird: Wenn man ein menschliches Zeitalter mit »wilde Zeiten« umschreibt, in denen ein Kinderleben nichts galt, so verdient dieses Zeitalter nicht das Wort »menschlich«. Die damals herrschende Moral verdient nichts weiter, als sofort ins Museum verfrachtet zu werden, mit allen predigenden Moralaposteln, die partout nicht von Sprüche 23:13-14 lassen können:

»13 Lass nicht ab, den Knaben zu züchtigen; denn wenn du ihn mit der Rute schlägst, so wird er nicht sterben; 14 du schlägst ihn mit der Rute, aber du errettest ihn vom Tode.«

Weitere Jahre waren vergangen, als eines Tages ein stattlicher Reiter vor dem Haus des Schuhmachers hielt. Es war der einstige Junge, der inzwischen herangewachsen war und sich in zahlreichen Kriegsdiensten durch Tapferkeit ausgezeichnet und es bis zum Rittmeister (auch: Hauptmann) gebracht hatte. Nun, als er gerade dienstlich durch Berlin kam, war es für ihn an der Zeit, endlich seinen alten Lehrherrn und die Frau Meisterin aufzusuchen, vor deren unmenschlichem Wesen er sich jetzt nicht mehr fürchtete.

Die Leute wollten es zuerst gar nicht glauben, dass er der Junge gewesen sei, der ihnen mit der zinnernen Kanne – wie die Meisterin sich ausdrückte – durchgegangen wäre. Da bestand er darauf, dass sie alle mit hinauskämen zum Steinhaufen auf dem Bernauer Weg, wo er seinerzeit die Kanne vergraben hatte – denn dass der noch da war, davon hatte er sich vorher überzeugt.

Nun gingen alle aus der Schuhmacher-Familie und auch die Nachbarn mit hinaus und nachdem man die Steine weggeräumt hatte, stand der Krug noch immer unversehrt da. Als man dann den Deckel hob, hatte sich das Bernauer Bier nicht bloß gut gehalten, sondern war noch duftender und wohlschmeckender geworden als zuvor.

Bernauer Bier, schon früh überregional bekannt, galt wegen seiner wohlschmeckenden Eigenschaften eine lange Zeit als Qualitätsbezeichnung für gutes Bier. Im Jahre 1560 soll es in dem vergleichsweise kleinen Ort sage und schreibe 146 (!) Braustellen gegeben haben.

Noch heute gibt es Bernauer Bier, das in der Stadt von der lokalen Braugenossenschaft hergestellt wird – und auch nach Berlin geliefert werden kann.

**Johann Georg Krünitz schreibt in seiner »Oekonomischen Encyklopädie« aus dem 18. Jahrhundert (an dieser Stelle eingefügt wegen des ungewöhnlichen Namens »Breihan«):*

»Der Breihan hat seinen Nahmen von Conrad Breihan, einem Mann, welcher aus Gronau, einem Städtlein des Stifts Hildesheim, gebürtig gewesen, sich einige Jahre in Hamburg als Brauerknecht gebrauchen laßen, wo er das Weißbier brauen gelernt, und sich nachher nach dem Dorfe Stöcken, bei Hannover, begeben, woselbst er im J. 1526, d. 31 Mai, zuerst das Weißbier gebrauet, von da er sich in Hannover niedergelaßen, und sich daselbst durch sein Bier, welches man hernach Breihan genennet, einen großen Ruhm erworben hat. Es haben ihm Andere diese Kunst abgesehen, und auch in andern Ländern Breihan gebrauet. [...]«

Die »Oekonomische Encyklopädie« schreibt außerdem zu den märkischen Bieren: »Märkische Biere. Das Bernauische, aus dem Städtchen Bernau, 3 Meilen von Berlin, ist schwarzbraun, stark bitter und gesund, und behält im Sommer vor vielen anderen den Vorzug. [...] Das Kyritzer, in der Priegnitz, ist, seiner Stärke wegen, Mord und Totschlag genannt worden. Ein anderes in Kyritz, heißt Friede und Einigkeit. [...]«

Der ausgefuchste Krebs und der König des Zauns

Ein paar Tiergeschichten

Man erzählte sich in alten Zeiten oft, dass auch die Tiere reden könnten. Manche Leute behaupten, sie sprächen aber noch immer – nur verstehe ihre Sprache nicht jeder. So soll zum Beispiel ein Frosch zum anderen gesagt haben:

»Vaddersch (für: Vater) Vaddersch! Wennehr back zich? Wennehr back zich?«
Der andere habe dann antwortet: »Morgen! Morgen!«
Da sagte der erste wieder: »Dann back ick ick ick okh! – Dann back ick ick ick okh!«

~~~

Der Bock meckerte, im Bass: »Gras werd wohl wären!«
Das Lämmchen rief, im Discant: »Wer werd's erlehwen?«

Man erinnere sich daran, dass in den deutschen Landen früher die Lämmer oft geopfert wurden – ganz gleich ob von jüdischen Menschen zum Pessach (auch: Pascha, Passa oder Passah), oder von christlichen Menschen zu Ostern.

~~~

Ebenso zwitscherte die Schwalbe damals ganz deutlich: »Mein Kistchen, mein Kistchen war ganz voll, als ich wiederkam, war alles verquiist!«

Nicht einmal Google kennt eine Entsprechung für »verquiist«. 'Tschuldijung.

Manche Menschen behaupteten, einige Tiere seien sehr klug. Selbst ein Krebs, der doch nur rückwärts gehen kann, habe einmal einen Fuchs überlistet und sei, als er mit ihm um die Wette lief, eher als jener am Ziele gewesen. Von dieser Begebenheit soll nämlich der Name von Krebsjauche (heute: Wiesenau), einem Dorf bei Frankfurt/Oder, stammen. Was sich damals zugetragen hatte, soll Folgendes gewesen sein:

Es hatte einmal ein Krebs einen Fuchs herausgefordert, er wolle mit ihm um die Wette laufen. Der Fuchs hatte diese Wette wohl sehr gerne angenommen, denn selbst ein uralter Trabbi ist hundert Mal schneller als ein halber Ziegelstein mit Scheren. Die Strecke wurde abgesteckt und das Ziel wurde markiert. Alle Tiere aus der Gegend kamen herbei, um zuzusehen. Schon wurde zum Start abgezählt:

»Eins! Zwei! Und — drei!«

Schnell kniff der Krebs sich ganz sachte, ohne dass der Fuchs es merkte, in die Haare der Rute desselben fest und ließ sich so mitschleppen. Als der Fuchs fast am Ziel war, packte der Krebs einmal mit den Scheren zu und zwickte ordentlich die Rute des Fuchses. Der arme Fuchs schrie vor Schmerz, sprang in die Höhe und schleuderte unversehens den Krebs – der im rechten Augenblick den Schwanz losgelassen hatte – über seinen Kopf hinweg bis ins Ziel hinein. Alle Tiere lachten laut, weil der kleine Krebs gegen den großen Fuchs gewonnen hatte, und riefen:

»Krebs juchhe! Krebs juchhe!«

Als später in der Gegend ein Dorf gebaut wurde, bekam es zur Erinnerung an jene Begebenheit den Namen »Krebsjuchhe«, woraus dann mit der Zeit der Name Krebsjauche wurde.

~~~

Mit einer ähnlichen List hatte auch ein Zaunkönig einmal einen Adler betrogen und im Wettflug übertroffen. Als die Vögel nämlich einmal dem ordnungslosen und wilden Zustand, der unter ihnen eingerissen, ein Ende machen und einen König wählen wollten, beschlossen sie, es solle derjenige sein, der am höchsten der Sonne zufliegen könnte.

Gleich erhoben sich alle Vögel und es gab ein gewaltiges Flügelrauschen. Aber allmählich blieb dieser zurück, dann jener zurück, es wurden immer weniger und zuletzt war nur noch ein mächtiger, großer Adler übrig, der wie unaufhaltsam immer weiter auf die Sonne zuflog.
~~~

Doch dem tapferen Adler erblindeten die Augen und er musste umkehren. In diesem Augenblick aber flog der Zaunkönig hervor, der sich bisher unter einem Flügelgelenk des Adlers versteckt gehalten hatte. Mit frischer Kraft stieg der Kleine noch ein wenig höher als der Adler, sodass der Zaunkönig nach den Buchstaben der Regeln gewonnen hatte – und es schien, als würde er der König der Vögel werden.

Aber es verdross die übrigen Vögel, dass sie einen so winzigen König haben sollten, der sich noch die Würde obendrein durch List erschlichen hätte, die dem Geist der Regeln in keiner Weise entsprochen hatte.

Also fuhren sie, sobald der Zaunkönig wieder herabkam, mit ihren Schnäbeln und Krallen auf ihn los und hätten ihn wahrscheinlich zerhackt – wäre er nicht schnell in ein Mauseloch gekrochen und hätte sich da versteckt. Deshalb soll er sich auch heute noch immer an Zäunen und Hecken aufhalten, dort sein Nest bauen müssen und hieße seitdem zum Spott: der Zaunkönig.

Stallone? Schwarzenegger? Was für Leichtgewichte!
Joachim von Schapelow, der starke Mann

Zu den Zeiten von Kurfürst Johann Georg lebte in Berlin ein Edelmann namens Joachim von Schapelow. Seine Grabinschrift war noch lange in der Kirche zu Quilitz (heute: Gemeinde Rankwitz, Insel Usedom) vorhanden und der wegen seiner verwunderlichen Stärke sehr berühmt gewesen ist. Es gab zu seiner Zeit keinen stärkeren Mann als ihn.

Eines Tages war ein fremder Fürst nach Berlin gekommen, um den Kurfürsten zu besuchen. Er hatte einen ungeheuer großen und starken Mann mitgebracht, von dem er rühmte, dass kein lebender Mensch sich mit ihm an Kraft messen könne.

Das wollte der Kurfürst nicht glauben und gab zurück, sein Untertan Joachim von Schapelow sei stärker, und befahl diesem auch gleich, sich mit dem Riesen des fremden Fürsten zu messen. Alle Seiten waren zufrieden und vor allem der Riese und sein Herr waren nicht davon abzubringen, dass man einen leichten Sieg über den vergleichsweise kleinen Märker davontragen würde.

Aber Joachim von Schapelow warf den fremden Riesen schnell zu Boden. Als er aufstand, ergriff von Schapelow beide Hände des Riesen und hielt diese so fest, dass der andere sich nicht rühren konnte. Von Schapelow trug den Riesen zum Fenster und wollte ihn aus demselben hinauswerfen, zum öffentlichen Wahrzeichen seines Sieges.

Der Kurfürst aber gestattete das nicht und befahl von Schapelow, den anderen loszulassen, weil der fremde Fürst seinen Sieg anerkannt hatte. Der Kurfürst aber war über den Sieg seines Edelmanns so erfreut, dass er ihm sogleich erlaubte, aus seinem Weinkeller so viel Wein herauszuholen, wie er mit einem Mal tragen könne. Nun erst sah man die erstaunliche Kraft des von Schapelow.

Er nahm ein Fass unter den rechten Arm, ein Fass unter den linken, ergriff ein Fass am Spundloch mit den vier Fingern der rechten und eines mit den vier Fingern der linken Hand, sodass er mit einem Mal insgesamt vier Fässer Wein aus dem Keller trug. Als der Kurfürst das sah, soll er laut gelacht und dann gesagt haben:

»Schaplow! Schaplow! Dieses Mal soll es geschehen, aber wir werden dich wohl nicht wieder alleine in unseren Weinkeller schicken!«

›Schanze? Wall? Kööp nich! Kööp nich!‹

Der Name von Köpenick und der große Krebs von Stralow

Im Müggelsee soll sich vor vielen Jahrhunderten ein außergewöhnlich großer Krebs befunden haben. Es war aber nicht einer wie der im Mohriner See in der Neumark (heute: Moryń/Polen), von dem man sagte, dass er an einer Kette liege und wenn er loskäme, so würde die ganze Welt untergehen. Der Krebs im Müggelsee war ein verzauberter Prinz.

Nicht nur ist das alleine eine eigentümliche Geschichte, und zwar soll außerdem der Name von Köpenick damit zusammenhängen. Die Gelehrten sagen zwar, der

Name rühre noch aus der alten Wendenzeit her und bedeute so viel wie Schanze oder Wall. In Köpenick aber hat man es von jeher anders erzählt.

Es fischte einmal ein Fischer im Müggelsee, als ein großer Krebs ans Ufer geschwommen kam und zu ihm sagte, er wolle ihn zu einem reichen Mann machen. Alles, was der Fischer zu tun habe, sei, ihn aus dem Wasser zu nehmen, zum ersten Ort jenseits der Spree zu bringen und dort auf dem Markt zum Kauf anzubieten.

Der Fischer tat wie geheißen und nahm den Krebs heraus, vergaß dann aber in seiner Geschäftigkeit, was genau der Krebs ihm gesagt hatte und bot ihn *diesseits* der Spree – in dem Ort, wo heute Köpenick liegt – auf dem Markt zum Kauf an. Sobald aber ein Käufer herantrat, rief der Krebs:

»Kööp nich! Kööp nich!«

Das erschreckte die Menschen verständlicherweise, sodass niemand ihn kaufen wollte. Endlich erinnerte der Fischer sich an jene Bedingung und ging jenseits der Spree nach Stralow, wo er den Krebs nun auch verkaufte – weil der Fischer aber die Bedingung nicht gleich erfüllt hatte, konnte der Krebs nicht erlöst werden.

Der Ort aber, an dem der Fischer den Krebs zuerst ausgeboten hatte, erhielt, weil der Krebs immer «Kööp nich, Kööp nich» gerufen hatte, den Namen Köpenick.

Ein schwarzer Pudel und ein dreibeiniger Hase

Der Lietzensee und allerhand Spuk in Charlottenburg

Der Lietzensee soll früher ein schöner Waldsee gewesen sein, wie der Grunewalder See. Der Lietzensee aber ist grundlos, ohne jeden Boden. Das musste auch ein Herr von Witzleben bemerken, als er dort eine Insel anlegen wollte: So viel Schutt und Erde er auch hineinwerfen ließ, alles versank und wurde nicht wieder gesehen.

Früher erzählte man, es solle einmal ein Dorf im Lietzensee versunken sein. Einige meinten, das alte Dorf Lietzow wäre dort untergegangen und es sei eigentlich noch alles die Gemarkung Lietzow – die Charlottenburger hätten sich da nur so angebaut.

Manchmal sollen die Fischer mit ihrem Kahn an die noch vorhandene Kirchturmspitze gestoßen oder mit den Netzen gar daran hängengeblieben sein. Deshalb soll man gesagt haben, im Lietzensee sei schlecht Fischen. Das alles ist jedoch bereits viele Jahrhunderte her.

~~~

Früher war es auch an manchen Stellen in Charlottenburg nicht ganz richtig. Es wurde zum Beispiel öfters erzählt, dass Menschen einen Schatz in der Schlossstraße Nr. 16, im Vorgarten rechts in der Ecke, haben brennen sehen. Die Flamme soll fast einen halben Meter hoch aus dem Boden gekommen sein – gehoben hat den Schatz aber niemand.

~~~

In der Scharrenstraße – und zwar vom Waisenhaus bis zur Fangbrücke – soll es mächtig gespukt haben. Ein alter Arbeiter kam einmal des Weges, da hockte sich ihm etwas auf und er musste es bis zur Brücke schleppen. Ihm lief der Schweiß nur so herunter – dann sprang oder fiel es plötzlich ab und war verschwunden. Es soll gewöhnlich ein schwarzer Pudel gewesen sein, der hier sein Unwesen trieb.

~~~

Ein solcher schwarzer Pudel ließ sich auch in Lietzow sehen. Dort war es aber auch ein dreibeiniger Hase, der kam immer aus dem Keller eines bestimmten Hauses heraus.

Einmal warf ein Gardesoldat seinen Mantel über den Hasen, als der gerade morgens ganz früh aus seinem Versteck kam. Als er den Mantel fortnahm, war das Tier nicht mehr da, ohne dass er ihn hatte weglaufen sehen.

Alimentation – und es gibt mit der Keule!

Die Keule am Tor zu Jüterbock (heute: Jüterbog)

An einem der Tore von Jüterbog hing eine Keule mit folgender Inschrift: »Wer seinen Kindern gibt das Brot und leidet dabei selber Not, den schlag' man mit dieser Keule tot.« Es hatte nämlich einmal ein reicher Mann in Jüterbog gelebt, der gab
~~~

seinen Kindern schon zu Lebzeiten all sein Geld, weil er hoffte, sie würden dann besser zu ihm sein und nicht nur auf seinen Tod warten. Es kam aber gerade umgekehrt:

Keines seiner Kinder kümmerte sich mehr um ihn. Da bereute der alte Mann seine Dummheit und grämte sich so, dass er bald darauf starb.

Als er nun tot war, kamen seine Kinder schnell zum Gericht gelaufen, um die vermeintliche Erbschaft zu kassieren. Vor allem hatten sie eine Kiste ins Auge gefasst, welche der Vater noch immer im Besitz gehabt hatte. Sie malten sich bereits die tollsten Dinge aus, die man noch in dieser Kiste würde finden können – denn sie war groß und ihnen immer als sehr schwer vorgekommen.

Als die Kiste aber dann geöffnet wurde, war sie voller Steine. Keine besonderen Steine, sondern einfach Feld- und Flusssteine. Unter diesen Steinen lag eine Keule und eine Verordnung, dass man die Keule mit obiger Inschrift zur Warnung für schwache Väter am Stadttor aufhängen solle. Das ist denn auch geschehen und dort soll sie noch lange Zeit gehangen haben.

»Ik bringe ju Bier!«

Der Überfall von Rathenow und der Landrat von Briest

In der Gegend von Rathenow wusste man im 19. Jahrhundert noch einiges aus der Schwedenzeit zu erzählen. Damit meinte man gewöhnlich die Zeit während des Dreißigjährigen Krieges und danach, in welchem der Landrat von Briest auf Bähne dem Großen Kurfürsten geholfen haben soll, die Stadt zu überfallen und den Schweden wieder abzunehmen. Der Landrat hatte die schwedischen Offiziere am Abend vorher auf seinem Gut Curland nördlich von Rathenow eingeladen. Bei dieser Gelegenheit hatte er nicht ein feines Abendmahl kredenzen, sondern außerdem ordentlich Getränke auffahren lassen und die schwedischen Offiziere betrunken gemacht.

Die vom Rausch stark beeinträchtigten fremden Befehlshaber hatten sich dann offenbar einige Versäumnisse erlaubt, durch welche nicht nur das Eindringen der

Brandenburger mit dem Überfall auf das Wassertor, sondern auch eine weitere Kriegslist ermöglicht wurde:

Im Morgengrauen des 15. Juni 1675 schickte der Landrat von Briest nämlich mehrere Wagen mit Bier- und Branntweinfässern von seinem anderen Gut Bähne jenseits der Havel nach Rathenow – so, wie er es schon vorher oft getan hatte. Dieses Mal aber hatten sich Brandenburgische Reiter Kittel übergezogen und sich statt der Knechte auf die Wagen gesetzt. Auch in den Fässern steckten bewaffnete Soldaten.

So fuhren sie, als der Kurfürst mit seinen Truppen schon in der Nähe war, an das Tor und klopften an. Die Wache fragte, was sie wollten. Da rief der Briestsche Verwalter, der den Zug führte, hinüber:

»Ik bringe ju Bier.«

Schon ließen die Schweden sie hinein – die angeblichen Knechte aber zogen ihre Säbel, metzelten die Wachen nieder und so wurde das Tor eingenommen. Danach drangen die Brandenburger ein und nahmen die gesamte Stadt in Besitz. All das ereignete sich drei Tage vor der Schlacht von Fehrbellin.

Die AG «Städte mit historischen Stadtkernen des Landes Brandenburg» schreibt auf ihrer Webseite zu ›Walter-Rathenau-Platz mit angrenzendem Rathenow-Turm und Stadtmauer‹: »Die Reste der erhalten gebliebenen Stadtbefestigungsanlagen gehören zu den bedeutenden Zeugnissen mittelalterlicher Bauwerke in Brandenburg. Die im 14. und 15. Jahrhundert entstandenen steinernen Mauern und Wassergräben umgaben die Alt- und die Neustadt zur Abwehr feindlicher Angriffe.

Der Zugang in die Städte erfolgte im Mittelalter über die fünf Stadttore. Daneben entstanden zum Schutz der Anlagen die Tortürme. Durch den wachsenden Verkehr erwiesen sich die Stadttore als hinderlich und wurden daraufhin im 18. Jahrhundert sowie Anfang des 19. Jahrhunderts abgerissen. Das betraf auch große Teile der Stadtmauer. Hier wurden die Lücken teilweise mit Gebäuden geschlossen.

Bemerkenswert sind die Fragmente östlich des Rathenower Torturmes, am Humboldthain, an der Wassertor- und der Grabenstraße, an der Sankt-Annen-Promenade sowie kleine Reste in der Lindenstraße und im Deutschen Dorf.«

9. Die Sage von der weißen Frau – ein Drama in sieben Aufzügen

Tod und Wiedergeburt – Prolog

Die weiße Frau

Wir erinnern uns an die Aussage, es gebe in Berlin eigentlich nur zwei Sagen: Eine davon sei die der Weißen Frau im Schloss. Es ist ganz offensichtlich eine sehr beliebte Sage, welche über die Jahre vielfach erzählt und wiedererzählt wurde. Ihr ergebener Autor wollte eine möglichst unverfälschte und authentische Version. Nimmt man die Darstellung von Johann Georg Theodor Grässe aus »Preußisches Sagenbuch«? Oder lieber jene von Wilhelm Schwartz aus »Sagen und alte Geschichten der Mark Brandenburg. Für Jung und Alt.«?

Warum in der Ferne schweifen, wenn der Cosmar liegt so nah? Es folgt Alexander Cosmars Version aus seinem Buch »Sagen und Miscellen aus Berlins Vorzeit«, erschienen im Jahre 1831 und basierend »auf den Aufzeichnungen [seines] Oheims«.

Das Wasser der Spree erneuert sich immer wieder, und so wie alle Worte, die an ihren Ufern gesprochen werden, erneuern sich die Worte einer Sage. Gezeichnet ist die Große jedoch nicht von diesen jüngsten Worten, sondern von ihrem über die Jahrhunderte hinweg entstandenen Flussbett, das von den weisen Händen der Vorfahren sanft geformt worden ist.

Flüchtig wie das Wasser sind die schönsten Worte, wichtiger ist die Richtung des Flusses, viel wichtiger noch das Fließen selbst – so lange es die Welt ermöglicht, so lange es die Natur erlaubt, ein jeder Moment so köstlich wie unwiederbringlich. Cosmar schreibt:

Gegen Ende des Jahres 1786, es war die Zeit nach dem Tod König Friedrich des II., gab es wieder mehr als je zuvor die Rede von dem Spuk der weißen Frau im königlichen Schloss zu Berlin. Manche Berichte wollten in den Kellergewölben ein dumpfes Heulen vernommen, andere nachts unbewohnte Säle und Gemächer erleuchtet gesehen haben. Eines Tages soll sogar die weiße Frau selbst einem jungen Mädchen erschienen sein – welches in Folge des Schreckens kurze Zeit darauf starb.

Umso sehnlicher erwarteten wir die Rückkehr unseres Oheims. Er war als Assistent des Regimentsarztes Engel bisweilen um den König, während der Krankheit desselben, und musste in der letzten Zeit dem Kronprinzen hin und wieder Nachricht von dem Befinden des Königs bringen. Von ihm hofften wir nicht nur manches über die letzten Lebenstage unseres geliebten Monarchen zu vernehmen, sondern waren auch besonders auf seine Erzählungen von dem Spuk und den Geistererscheinungen begierig.

In solchen Erzählungen hielt mein Oheim sich nicht eben streng an Wahrheit, sie wurden aber nur umso angenehmer dadurch. Ein geborener Schlesier hielt er gar sehr auf Volkssagen und Märchen, die er in seiner Kindheit vernommen. Ein reiches Leben, eine rege Phantasie machten ihn fähig, jedem Stoff ein eigenes Interesse und einen besonderen Sinn zu geben. Er tat sich auch nicht wenig auf dies Talent zu Gute. Es machte ihm viel Vergnügen, wenn der Kreis seiner Zuhörer in ängstlicher Spannung an seinen Lippen hing und vor Neugier nicht zu atmen wagte.

Die Bibliothek seines Vaters, eine Sammlung mystischer Schriften über Hexen, Gespenster und Zauberei, waren der unerschöpfliche Quell derjenigen Unterhaltungen, die wir Kinder besonders (denn ich zählte kaum elf Jahre damals) liebten. Diese Bibliothek war freilich, weil er seinen Aufenthaltsort öfter wechselte, längst in alle Winde zerstoben; aber die besten Überbleibsel hafteten in seinem Gedächtnis, worin sie gleichsam genießbar gemacht wurden; worin sich die rohe unvollkommene Literatur der damaligen Zeiten gleichsam zu verklären schien.

Ein trauriges Ereignis vereitelte unsere Erwartungen auf ein schönes Gespenster-Geschichtchen. Der Oheim besuchte uns wohl wieder, aber er war nicht mehr derselbe. Mürrisch und in sich gekehrt, mied er die Menschen und ihre Fröhlichkeit. Auch mit der Erzählung von Märchen und Geschichten war es vorbei. So oft ich oder einer meiner Geschwister ihn etwas von der letzten Erscheinung der weißen Frau auf dem königlichen Schloss nur kurz zu berichten baten, verwies er uns mit Heftigkeit zum Stillschweigen. Einmal wurde er so böse, dass er nach Hut und Stock griff und davonrannte.

Da verboten uns die Eltern dann, den Oheim weiter mit solchen Bitten zu erzürnen. Uns Kindern freilich wurde nicht gesagt, dass die schöne Tochter des Schlossbeamten, die vor Schreck über die Erscheinung der weißen Frau vom Schlag gerührt wurde, die Verlobte unseres Oheims war. Sie hätte eines Tages unsere Tante werden sollen, freilich wider den Willen des Großvaters, weshalb der Oheim dies alles auch so geheim wie möglich gehalten hatte. Als er nach geraumen Jahren verstarb, fand sich unter seinen Papieren folgendes Manuskript, überschrieben:

Die weiße Frau auf dem königlichen Schloss zu Berlin,
nebst genauer Auskunft über ihren Ursprung.
Am 16. Aug. 1786.
In der Wohnung des [Anmerkung: hier müsste vermutlich der Name von Cosmars Onkel stehen] auf dem königlichen Schloss zu Berlin.

Meine süße Caroline!

Wenn mir auch aller Beruf zu irgendeiner Autorschaft abgehen sollte, so würde doch Deine Bitte, alle Trümmer, die sich von dieser Sage noch in meinem Gedächtnisse zu finden sind, zu sammeln und Dir vorzulegen, so wie auch mein heißer Wunsch, in jeder Art mich Dir gefällig zu erweisen, alle Hindernisse besiegen, alle Gebrechen beseitigen und zu einem Schriftsteller mich begeistern.

Übrigens ist wohl noch keine Gespenstergeschichte unter so seltsamen und zutreffenden Umständen geschrieben worden. Nicht nur gilt der Ort, an dem ich mich befinde, seit Jahren als Lieblingstummelplatz für den Spuk der weißen Frau.

Nicht nur, dass dieses Zimmer mit seiner finsteren Aussicht in den engen Hofraum auf den Turm, das mächtige, verfallene Gemäuer – mit seinen verwitterten Tapeten, den altertümlichen, wankenden Möbeln und vermoderten Vorhängen, ganz dazu geeignet ist, eine Geisterbeschwörung anzustellen, oder einen Spuk an einen, für ihn recht behaglichen und schicklichen Ort einzuladen.

Auch die Zeit ruft diese Erscheinung herbei. Der große Friedrich stirbt! Es ist schwer, an seinen Tod zu glauben. Finden sich doch Sagen bei allen Völkern und Nationen, dass ihre abgeschiedenen Lieblinge geraume Zeit nachher auf Erden noch weilten, und bei verschiedenen Gelegenheiten sich zeigten und wieder verschwanden.

Ich sah den König todkrank und meine Wissenschaft bestimmt sein Ende; allein es wird mir dennoch schwer zu glauben. Hat je ein König es verdient, dass als Vorbedeutung seines Todes die Erde bebte, feurige Zeichen am Himmel standen; der Sturm im menschlichen Geheul und Wehklagen sich vernehmen ließ, dass Gräber in den Kirchen spalteten, verhüllte Tote durch die Straßen wimmerten, so war es der Unsrige.

Umso viel mehr ist es die Pflicht der weißen Frau, jetzt ihre Existenz kundzugeben, denn dies ist immer noch das Wenigste, was geschehen kann. Und da genügt nicht das Wehklagen in unterirdischen Gewölben, die Fenstererleuchtung in unbewohnten Schlossflügeln. Die Begebenheit, die uns bevorsteht, ist viel zu wichtig für einen solchen Inkognito-Spuk. Ebenso wenig wäre es angemessen, wenn sie, um mich für meinen Übermut zu strafen, in eigener Person mir gespenstisch jetzt über die Schulter sähe, oder mit Grabeshauch mir durch die Locken bliese, oder mit eisiger Hand mir über den Schädel und Rücken striche. Ganz in Gala muss sie vielmehr erscheinen, umgeben vom glänzendsten Gefolge höllischer Fratzen und Spukgestalten, mit klingendem Spiel und großer, fantastischer Musik aller unterirdischen Donner- und Polterinstrumente.

Die weiße Frau würde sich sehr irren, wenn sie glaubte, dass unsereiner etwas anderes als den pflichtschuldigen Respekt vor dem sterbenden König darin erkennen würde; wenn sie glaubte, dass unsereiner wohl gar davor erschrecken könnte.

Wenn es schon töricht ist, sich vor Geistern zu fürchten, wenn es keine gibt, so ist es viel törichter noch, vor ihnen sich zu fürchten, wenn sie in der Tat existieren. Denn unsere Seele, ein unsterblicher Teil wie sie, können sie der etwas antun? Und ist es nicht der Mühe wert, sich von seiner Unsterblichkeit zu überzeugen?

Was kann einem armen verliebten und hypochondrischen Mediziner Willkommeneres widerfahren, als mit leibhaftigen Augen einen Geist zu erblicken? Ist doch all unser Wissen und Denken an Körper und Zerstörung gebannt und wer darüber hinaus will, muss es sich gefallen lassen, für einen schlechten Arzt gehalten zu werden. Es gibt Augenblicke, Teuerste, von denen Du, meine Liebe, niemals hören sollst.

Wer aber heute, so wie ich, den König gesehen hat, seine vergebliche Anstrengung, sich auf jene Kabinetts- und Regierungs-Angelegenheiten zu besinnen, die ihm Zeit seines Lebens mehr als alles am Herzen lagen; wer den König gesehen hat, wie er seine nächste Umgebung und Freunde schon nicht mehr kannte; wie er leidend hilflos in einem Sessel lag, den er weder Tag noch Nacht verlassen konnte – und dennoch von einer baldigen Genesung träumte.

Wer das gesehen, durfte der nicht mit Fug und Recht an Seele und Unsterblichkeit und alles, was je darüber gedacht, philosophiert, geträumt und gefabelt wurde, zweifeln? Wohin entschwand der Geist, die Kraft, das Feuer des Helden, verzehrt sich dies mit den Organen?

O, der Tod ist ein gefährlicher Skeptiker für den Mediziner, weil er alles empirisch erweist. Dass man auch jetzt so ganz ohne allen Glauben und von Kindheit an in der Aufklärung erzogen wird! Ich glaube, ich würde noch auf dieser Welt ein besserer Christ werden, wenn jemals ein Geist sich mir zeigte.

Die Erscheinung der weißen Frau vor dem Tod fürstlicher Personen ist fast historisch zu nennen, weil alle Schriftsteller gleichzeitig davon erzählten und sie auch allgemeinen Glauben fand.

Und ich sage noch einmal: Wenn die weiße Frau unter den gegenwärtigen dringenden Umständen mit ihrer Erscheinung ausbleibt, da obendrein ein ganz simpler Kompanie-Chirurg sie auf solche Weise zu lobhudeln und foppen wagt und endlich mein König selbst in seinen «Memoires de Brandenbourg» nichts von ihr wissen wollte – so ist es mit aller ihrer historischen Reputation vorbei, so hat sie nicht verdient, dass solch ein König in seinen Schriften von ihr Notiz nimmt und es wird ferner kein redlicher, patriotisch gesinnter Mann an sie glauben.

Anmerkung: Hier sollte wohl erneut der Name von Cosmars Oheim zu finden sein, doch dieser entzieht sich unseren Blicken – und auch der weiße Mann wird noch geheimnisvoller. Allerdings ging der Brief des Onkels offenbar noch weiter – auch wenn die ursprüngliche Form erst nach einer Weile darauf schließen lässt.

Wir beginnen hier jedenfalls mit dem Hauptgericht dieses opulenten und mehrgängigen Sagen-Galadinners:

Tod und Wiedergeburt – erster Akt

Die Erscheinungen der weißen Frau auf dem königlichen Schloss zu Berlin

Die erste dieser Erscheinungen, von der man sich erzählte, war beim Ableben des Kurfürsten Johann Georg von Brandenburg im Jahre 1598. Hierauf wiederholte sie ihre Erscheinung beim Ableben des Kurfürsten Johann Sigismund im Jahre 1620. Dessen Hofprediger Johann Berger sagte in seiner Leichenpredigt, deren Manuskript noch vorhanden ist:

»Es hat sich die weiße Frau in leidtragender Gestalt auf dem kurfürstlichen Schloss sehen lassen vor Personen allerhand Standes und Alters, dass also an ihrer Erscheinung nicht zu zweifeln ist.«

Ferner berichtet Berger:

»Seine kurfürstliche Gnade befragten mich, ob auch die weiße Frau wieder gesehen worden sei? Worauf ich antwortete, dass seine kurfürstliche Gnade sich wegen der weißen Frau nicht zu fürchten hätte, solche würde deroselben nicht schaden können.«

In Johann Christoph Nagels lateinischer Dissertation über das berühmte Gespenst, genannt «Die weiße Frau – ein Bericht», liest man, dass die weiße Frau den Tod des Prinzen Philipp Erdmann, auf seinem Stuhle sitzend, ihm verkündet habe.

J. M. Rentsch, Brandenburgischer Hofprediger, erzählte in seinem Zedernhain:

»Es sei die weiße Frau im Jahre 1628, also während des Dreißigjährigen Krieges, erschienen und habe mit lauter Stimme ausgerufen:

›Veni, judica vivos et mortuos.‹«

Peter Goldschmidt sagt in seinem höllischen Morpheus:

Außerdem habe sich die weiße Frau in den Jahren 1659 sowie 1666 in Berlin sehen lassen und bald darauf sei die Mutter des Kurfürsten gestorben. Damals habe der Oberstallmeister von Burgsdorf ungebührliche Zweifel gegen die Erscheinung geäußert. Sie sei ihm darauf selbst begegnet, habe ihn hart zur Rede gestellt und ihn die Treppe hinuntergeworfen.

Im Jahre 1667 hat sie ebenfalls nach allgemeinen Zeugnissen den bevorstehenden Tod der Kurfürstin Luise Henriette angedeutet – in deren Schlafzimmer auf dem Sessel der Fürstin sitzend, als ob sie schreibe. Als die Fürstin in das Zimmer kam, habe sich die weiße Frau verneigt und sei verschwunden.

Auch den Tod des großen Kurfürsten hatte sie verkündet. Der Hofprediger Brunsenius versichert, dass, als er sonntags zur Predigt auf das Schloss gegangen sei, er die weiße Frau erblickt, sich Tag und Stunde genau gemerkt habe – und genau ein Jahr später sei der Kurfürst verstorben!

Auch Friedrich der Erste starb bald nach ihrer Erscheinung. Er rief eines Tages:

»Ich habe die weiße Frau gesehen und muss sterben!«

Zweifler behaupteten allerdings, er sei nur seiner gemütskranken Gemahlin begegnet, die ihren Wärtern entschlüpft war – aber die Vorbedeutung erfüllte sich bald.

König Friedrich Wilhelm zeigte die weiße Frau sich öfter. Er brauchte nur eine Tür zu öffnen, schon stand sie da, aber er suchte sie möglichst zu meiden und machte deshalb lieber einen Umweg.

Tod und Wiedergeburt – zweiter Akt

Die Identität der weißen Frau

Wer aber ist oder war der hier durch Zeugnisse glaubwürdiger Personen und durch historische Dokumente verbürgte Geist? Eine in der Tat berechtigte Frage, meine Liebste. Die Erscheinungen desselben, beste Caroline, gingen den mannigfachen Deutungen voran, weshalb mehrere Personen für die weiße Frau ausgegeben worden. Es werden hauptsächlich drei genannt.

Lass uns zu Gericht sitzen – meine Teure – und die Ansprüche einer jeden prüfen. Als im Jahre 1598 die weiße Frau sich auf dem Berliner Schloss zeigte, hielt man sie für die schöne Gießerin Anna Sydow. Sie war die Witwe des Stückgießers Dietrich Sydow und nachmals die Geliebte des Kurfürsten Joachim II. Kurfürst Johann Georg musste seinem Vater auf dem Totenbett versprechen, die schöne Sydow weder an Person noch an Eigentum zu kränken und gab ihr außerdem einen Geleitbrief mit.

Beides hinderte Kurfürst Johann Georg jedoch nicht daran, nach dem Dahinscheiden seines Vaters sie in lebenslänglicher Gefangenschaft auf der Festung Spandau zu halten. Das Mitleid mit der schönen Sydow erzeugte unter den Brandenburgern die Sage, dass sie aus Rache an den Kurfürsten ihm und allen seinen Nachfolgern erschien, um ihnen das Todesurteil zu verkünden.

Aber es geschehen wohl schlimmere Frevel, als sie Anna Sydow zu erdulden hatte, ohne dass ein Rachegeist aus dem Grabe wiederkehrt. Auch litt die schöne Witwe so ganz unverdient nicht, denn während ihres Glückes war sie sehr hoffärtig und gab der Kurfürstin manches Ärgernis, sodass Kurfürst Johann Georg offenbar Ursache hatte, ihre Vergehen wider seine Mutter zu strafen.

Angenommen aber, sie dürfte sich an Kurfürst Johann Georg wegen seiner Wortbrüchigkeit rächen, was hätten dessen Nachkommen an ihr verschuldet, welche ebenso auch die Nachkommen Joachims II. waren – ihres Geliebten, ihres Wohltäters?

Wir verwerfen also diese Sage als unzusammenhängend, unwahrscheinlich und unglaublich und wenden uns zu einer anderen Tradition, welche die Gräfin Kunigunde von Orlamünde nennt.

Diese war eine geborene Hohenzollern und die Gemahlin des Grafen Otto I. Nach dem Tod ihres Gatten warf sie ihre Augen auf Albrecht den Schönen, Burggraf von Nürnberg und trug ihm ihre Hand an, welche dieser aber unter dem Vorwand, dass sie aus ihrer früheren Ehe zwei Kinder habe, ausschlug.

Albrecht mochte wohl nicht umsonst der Schöne heißen, denn aus Liebe zu ihm entschloss sich die verwitwete Gräfin Orlamünde zur Tat der Medea:

Sie stieß ihren beiden schlafenden Kindern eine lange Nadel in die Hirnschale und tötete sie, ohne dass eine Spur des Mordes sichtbar ward.

Trotzdem entdeckte man die gräuliche Untat und die Verbrecherin wurde von ihren Anverwandten in lebenslänglicher Haft gehalten. Bis ihre Bußzeit verstrichen sei, erscheine sie den Hohenzollern und beneide sie um ihre bevorstehende Seligkeit.

Aber zu unnatürlich ist dieser Frevel. Ich mag ihn weder von einer Hohenzollern noch einer Deutschen mir denken.

Tod und Wiedergeburt – dritter Akt

Eine weitere Identität der weißen Frau

Hinweg mit diesem fürchterlichen, heillosen Gespenst aus unserem Herrscherhaus, was ich dir jetzt erzählen will, ist heiter, ja lieblich und hat durchaus nichts Grauenhaftes. Du selbst, meine Teuerste, wirst mir eingestehen, dass es kein frommeres und rührenderes Gespenstermärchen gibt.

Der Glaube frommer Vorzeit stellte die verehrten Fürsten unter den Schutz höherer Wesen. Und wer kennt unseren König, der mit der größten Unerschrockenheit jedweder drohenden Gefahr sich preisgab, dieser wohlerhalten stets entkam und möchte diesen Glauben nicht teilen?

Doch soll dies auch Aberglauben sein, so vergesse man nicht, dass unsere Liebe zu dem Herrscher ihn gebar und weil wir dieselbe Liebe von unseren Vorfahren geerbt haben. Auch wenn unsere Denkweise sich sehr von der früheren unterscheidet, auch wenn heutzutage Mythos und Historie in unseren Begriffen streng geschieden sind, werden wir immer noch gerne hören, was man früher gerne zu glauben pflegte.

Tod und Wiedergeburt – vierter Akt

Über den eigentlichen Ursprung der weißen Frau

Vor vielen, vielen Jahren blühte das böhmische Adelsgeschlecht der Rosenbergs und war mit den mächtigsten Fürstenhäusern durch Heiraten in Verwandtschaft getreten. Das Glück verbreitete über diesen Stamm alle seine Gaben, Ehren, Macht, Ansehen und Reichtümer, sodass man seinen Glanz und Wachstum wohl dem Einfluss höherer Wesen beilegen möchte.

In der Tat zeigte sich auch hin und wieder ein Geist auf den Schlössern der Rosenbergs, von dessen Ursprung man nichts wusste, der aber seinem Wirken und Wesen nach – wie es auch die Zeugnisse aller damaligen Magier und Geisterseher wiedergegeben haben sollen – nur ein wohltätiger Geist gewesen sein konnte.

Eine weiße Frau schwebte zuweilen bei Tages- oder Nachtzeit durch die Gänge der Schlösser. Sie war von ehrwürdigem und sanftem Ansehen, fügte niemanden, der ihr in den Weg kam, ein Leid zu, und wer sie grüßte, dem dankte sie, mit so huldreichem Wesen, dass aller Friede der Geisterwelt auf ihr niedersank.

Am Geschäftigsten erschien sie, wenn irgendwelche Feste bevorstanden, in denen die Rosenberger ihre Reichtümer und Pracht offenbaren wollten. Alsdann war ihr Umgehen lärmend und scheinbar wie störrisch: Türen klirrten auf, fielen zu, Geräte polterten, es rauschte wie Regen und rasselte wie Ketten, es klapperte und lärmte in allen Geräuschen, die ein menschliches Ohr jemals in einem Schloss vernommen hatte.

War aber der Lärm vorüber, so strahlte alles in wunderbarer Helle, die Möbel standen sauber angeordnet, dass auch der schärfste Blick kein Stäubchen und kein Fleckchen finden mochte. Alle prächtigen Gefäße und Trinkgeschirre, die zum Prunk in den Sälen standen, alle Waffen und Siegestrophäen an den Pfeilern glänzten, als ob sie eben erst aus der Werkstatt gekommen wären.

Wenn die Gäste alsdann das lärmende Gelage spät in der Nacht verließen, fand sich am nächsten Morgen wieder alles an Ort und Stelle, ohne dass irgendeine Menschenhand daran gelegt worden war.

In ruhigen Zeiten traf man die weiße Frau seltener.

Dann waren die Anlässe weniger dramatisch, so zum Beispiel war das Gesinde in seinen Diensten nachlässig gewesen, hatte seine Pflichten versäumt oder Flüche und gotteslästerliche Reden im Mund geführt.

Letzteres bestrafte die weiße Frau sehr hart, mit Schlägen, aller Art von Püffen oder sogar mit Steinwürfen. Den Nachlässigen erschien sie aber nur in ihrem friedlichen Wesen und mahnte sie an ihre Pflicht, welches allemal guten Erfolg hatte. Bei Anwesenheit fürstlicher Personen möchte die weiße Frau am liebsten ihre dienstfertige Nähe kundgeben.

So erzählen die Archive, dass Catharina von Montfort eine Fürstin von Hohenzollern besuchte. Die Rosenbergs waren damals schon mit diesem Hause in enge Verwandtschaft getreten, weshalb sich die weiße Frau auch in ihren Schlössern zeigte.

Als die Dame von Montfort sich zum Weggehen anschickte, rief die Frau von Hohenzollern nach Licht, weil aber keiner der Diener und Mägde sogleich bei der Hand waren, stellte sich die weiße Frau mit einer Fackel ein und leuchtete dem Gast gar ehrerbietig die Treppe herunter.

Auch das neckische Wesen, was alle Geister an sich haben, fehlte ihr nicht. Damit konnte sie oftmals Leute zu Tode erschrecken, was aber nicht als böser Wille, sondern als Unvorsichtigkeit anzusehen ist. Denn sie überlegen nicht, dass Fremde bei ihrem Anblick sich entsetzen, während ihre Lieblinge daran gewöhnt und in ihrem Umgang etwas Trauliches und Beseeligendes finden.

Eine hohe Fürstin beehrte einst eines der Rosenberg'schen Schlösser mit ihrem Besuch. Sie war eingetroffen, ohne es vorher ankündigen zu lassen, sodass die Schlossfrau gewiss in großer Verlegenheit gewesen wäre – hätte sich die weiße Frau nicht einige Tage zuvor geschäftiger als je gezeigt, sodass wohl zu merken war, was bevorstand und auch Küche wie Keller in ihren Anstalten nicht zurückblieben.

Die Fürstin war nicht wenig verwundert, alles zu ihrem Empfang so wohl bereitet zu finden. Sie erstaunte über die Pracht und Nettigkeit des Schlosses, und konnte die Bedienung auf demselben nicht genug loben.

Wie groß war ihre Verwunderung jedoch, als sie ihr Schlafzimmer betrat, und dasselbe genau so zugerichtet und angeordnet fand, wie das ihrige daheim. Das Bett war auf dieselbe Weise gemacht, die Vorhänge so gesteckt, wie sie es kannte, ein ganz ähnlicher Spiegel hing an derselben Stelle und das Mobiliar glich in Form, Farbe und Stellung dem ihrigen.

Für eine so zarte Überraschung erschöpfte sie sich natürlich in huldreichen Danksagungen gegen die Schlossfrau, die sie in ihr Schlafgemach begleitete. Letztere war nicht minder überrascht, doch sie wollte ihr Familiengeheimnis – und dass eigentlich der Dank nicht ihr, sondern jemand anderem zustünde – ungern preisgeben.

Die Fürstin entließ sie endlich mit den Worten:

»So will ich nun tun hier wie zu Hause, denn in der Tat ich kann nicht umhin.«

Als die Gräfin sich entfernt hatte, trat die Fürstin vor den Spiegel, ließ sich von der Kammerfrau den Kopfputz abnehmen, den diese in einer Schublade ganz wie daheim bewahrte. So ging es auch mit den übrigen Teilen des Putzes. Die Fürstin dünkte sich schon ganz zu Hause und wandte sich gähnend nach der Stelle, wo ihre Sanduhr sich befand.

Geister, musst du wissen, liebe Caroline, können nie etwas ganz vollkommen machen, liegt es nun in der Flüchtigkeit ihres Wesens, oder hat sich der Schöpfer ganz allein das vollendete Schaffen vorbehalten. Mit einem Wort, die weiße Frau, die alles so trefflich und täuschend eingerichtet, hatte vergessen die Sanduhr umzukehren.

Als die Fürstin dahin blickte und den Sand nicht rinnen sah, fragte sie:

»Warum ist denn meine Uhr heut' nicht umgedreht worden, ich möchte wissen, was die Glocke ist.«

Um diesen unverzeihlichen Fehler auszugleichen, trat die weiße Frau plötzlich aus der Wand und rief hastig:

»Zehn Uhr ist es, Eure Liebste.«

Im nächsten Moment war die weiße Frau auch schon wieder verschwunden. Die Fürstin aber wäre vor Schreck fast gestorben.

~~~

Aber nicht nur für das zeitige Wohl, auch für das ewige ihrer Schößlinge sorgt die weiße Frau. Bei bevorstehenden Todesfällen im Geschlecht der Rosenbergs, oder der mit ihnen Verwandten, sieht man sie in leidtragender Gestalt durch die Gänge schweben oder sie erscheint auch dem Sterbenden selbst und ermahnt ihn, an den Himmel zu denken.

Ja, als der Letzte der mit den Rosenbergs vielfach verschwägerten Familie Neuhaus plötzlich zum Sterben kam, ohne dass man zeitig genug einen Beichtvater herbeischaffen konnte, hatte die weiße Frau dem schon vorgesehen.

Sie war dem Pater Nicolaus Pistorius erschienen, und zwar mit der Bitte, sich eiligst auf den Weg zu machen, und das Sterbesakrament mitzunehmen. Der Pater kam auch gerade zeitig genug an, um den Kranken, der schon in den letzten Zügen lag, nach guter Vorbereitung dem Himmel zu überlassen.

Diese und ähnliche Dinge erzählte man sich bereits von der weißen Frau, teils als Sagen, die sich vom Vater auf den Sohn vererbten, teils aus den Familienarchiven, in denen es verzeichnet gewesen war.
~~~

Tod und Wiedergeburt – fünfter Akt

Weiteres über den Ursprung der weißen Frau

Eines Tages entschloss sich ein gelehrter Magier, nach Österreich zu reisen, um sich von dem wirklichen Vorhandensein des Gespenstes zu überzeugen. Die weiße Frau ließ den Gelehrten auch gar nicht auf sich warten, denn kaum war er in einem Flecken angelangt, wo die Rosenbergs ein Schloss hatten, als er sie schon auf dem Markt, und zwar bei hellem Mittag, an dem Fenster eines alten verfallenen Turmes erblickte.

Sie war weiß gekleidet – wie jener Magier nach dem Zeugnisse des Johannes Rist (vermutlich: Johann Rist, evangelisch-lutherischer Prediger und Dichter), in seinem geheimen Schatzkämmerlein, uns erzählte – mit zurück geschlagenem Witwenschleier, dass man ihr mildes Antlitz gar wohl erkennen konnte.

Der Magier erkundigte sich alsbald bei den Umstehenden, ob dies auch wirklich die berühmte weiße Frau sei, von der man sich so viel erzählte. Alle Menschen bestätigten dies und fügten zur Beglaubigung hinzu, was sie über diese Angelegenheit wussten und was man sich über die Vorkommnisse erzählte.

Als sie aber während ihres Redens stets mit Fingern auf die Erscheinung deuteten, wurde diese allmählich blasser und immer blasser – bis sie endlich verschwand. Der Magier untersuchte hierauf den Thurm, aber alle Treppen, Gänge und Geschosse waren zerfallen.

Berengar – so nannte Johannes Rist den gelehrten und der Magie kundigen Reisenden – ließ sich das Schloss zeigen und betrachtete aufmerksam die Familienbilder.

Eines derselben, eine edle Matrone in Witwenkleidern, fesselte seine Aufmerksamkeit gar sehr, denn es glich auf ein Haar jener weißen Gestalt im Turmfenster. Er ließ es deshalb herunternehmen und reinigen – und fand die folgende Inschrift darauf:

Perchta, Gräfin von Rosenberg

Auch die Schlossbewohner, welche die weiße Frau bereits hinlänglich kannten, fanden ihre Ähnlichkeit mit dem Bild nunmehr höchst überraschend. Der Magier aber behauptete, sie sei ihm nur deshalb im Turmfenster erschienen, um ihn auf ihren Ursprung hinzuleiten, und nach dieser glücklichen Spur hoffte er durch eifrige Nachforschungen denselben bald ganz zu entdecken.

Wenn dir, meine teuerste Caroline, der Name Perchta auffallend sein sollte, so bedenke, dass er einer sehr unorthographischen Zeit angehört, dass Namen überhaupt in jeder Provinz fast sich verändern, und so wie Albert und Albertus, Ruprecht, Rupertus und Robert nebeneinander bestehen – und dass Perchta oder Prechta so viel wie Bertha bedeuten können.

Folgende Auskunft über die Gräfin von Rosenberg verdanken wir den Forschungen des Gelehrten Berengar:

Perchta, eine geborene Hohenzollern, vermählte sich gegen Ende des 14. Jahrhunderts mit Mathes von Rosenberg. Sie war schön und von edlem Gemüt, ihrem Gemahl daher sehr unähnlich, dessen ausschweifende und rohe Lebensart oftmals ihr Innerstes empörte, sodass sie ihn mit heftigen Worten darum zu Rede stellte:

»Hast du mir nicht Treue geschworen?«, sprach sie einst zu ihm, »und doch muss ich, die ich von so guter Geburt bin, meinen Gemahl mit jeder leichtfertigen Dirne teilen. Nicht nur, dass du meineidig bist, auch mich machst du dazu, denn welch ein Wohlbehagen soll ich an deinem Leib finden, den Gott dir gab zur Behausung der unsterblichen Seele, du aber zum Aufenthalt der Wollust und der Laster herabwürdigst.

Wenn du auch mich verachtest, so fürchte die Rache Gottes, die, wenn oft lange, niemals ganz ausbleibt, und bei dir schon zeitig eintreten wird, weil dein Leben zu keinem Heil führen kann.«

Nach solchen harten Ermahnungen besserte sich Rosenberg zwar für einige Zeit, da traf es sich aber wieder, dass ihm seine lustigen Zechgesellen begegneten, die ihn lachend empfingen:

»Seht, da kommt ein Mann, der sich im Voraus sein Fegefeuer abverdient. Er hat ein Weib, das macht ihm mehr zu schaffen als irgendeinem Heiligen sein Kasteien und Märtyrertum. Respekt vor dem Mann, der fein im Himmel sitzen wird, während wir im höllischen Pech und Schwefel zechen.

Aber weil wir uns denn heut' zufällig begegnet, so ist es billig, dass wir brüderlich Abschied nehmen, weil unsere Wege ganz auseinandergehen für ewig!«

Rosenberg widerstand der Einladung nicht und als er heimkehrte zu seiner Gattin, sprach er:

»Dein Predigen bringt mir Schimpf und Schande vor aller Welt, du bist nicht mein Hauspfaff, sondern meine Hausfrau, darum ziemt es dir nicht, mir ins Gewissen zu reden, sondern du sollst hören, was ich sage, und es befolgen!«

Von dieser Zeit an hatte die edle Perchta nicht nur den Verdruss, dass ihr Gemahl seine vorige Lebensart wieder anfing, sondern musste auch manche gar harte Misshandlung von ihm ausstehen. Sie trug ihr Schicksal aber mit Geduld und Ergebung und fand allen Trost in der Erziehung ihres Sohnes Ulrich.

Aber nach einem Jahr verfiel ihr Peiniger durch seine Ausschweifungen in eine gefährliche Krankheit. Als er auf seinem Totenbett lag, ließ er seine Gattin zu sich rufen, und bat ihr alles zugefügte Unrecht ab:

»Wäre ich dir gefolgt, so würde ich jetzt nicht auf dem Totenbett liegen und mich vor Gottes Rache fürchten, o Prechta! Wie weise sind deine Ermahnungen gewesen.«

Von diesen Worten war Prechta so gerührt, dass sie in aller Ewigkeit nichts weiter zu tun begehrte, als für die Seligkeit der Ihrigen zu sorgen.

~~~

Als der letzte ihrer Enkel – Peter Wock – im Jahre 1539 geboren wurde, zeigte sich die weiße Frau bei Tag und Nacht in dem Zimmer, wo man das Kind erwartete. Sie ermahnte die Wärterinnen zu Fleiß und Achtsamkeit, betrachtete das Kind und liebkoste es.

Einst traf es sich jedoch, dass eine junge Dirne zum ersten Male nachts an der Wiege wachen sollte. Lange kämpfte sie gegen den gewohnten und ihrer Jugend notwendigen Schlaf, endlich aber übermannte sie der Schlummer doch ein wenig. Als sie wieder munter wurde, sah sie mit Entsetzen das weiße Gespenst, trauernd und seufzend das zarte Knäblein liebkosen.

Zuerst rief die Wärterin:

»Alle guten Geister loben Gott den Meister!«

Aber dieser Spruch blieb unwirksam. Da fasste sie sich noch einmal ein Herz und schrie:

»Im Namen meines Heilands Jesu Christi beschwöre ich dich, dieses Kind in Ruhe zu lassen und hinzugehen, wohin du gehörst.«
~~~

Da gebärdete sich das Gespenst sehr kläglich und jammerte laut:

»Also verbannst du unwürdige Dirne mich von diesem Kind? Wisse, dass dieses Kind aus meinem Stamm gebürtig ist und durch dessen nacheinander erzeugten Kindeskindern aus meinem Geblüt herkommt.

Deshalb solltest du mir alle deiner gnädigen Frau gebührenden Ehren erweisen, denn nicht ich bin die Fremde, wohl aber du, die erst gestern zum ersten Mal einen Fuß in diese Schlösser gesetzt hat. Doch jetzt muss ich gehen. Wehe dir, wenn du dieses Kind nicht sorgsam pflegst und für es sorgst! Sofern du aber fleißig und achtsam auf ihn bist, soll es zu deinem Vorteil sein, und wenn er einst erwachsen ist, sag ihm, wie ich ihn geliebt, und wie ich aus diesem Teil der Wand stets zu ihm zu kommen pflegte, wohin ich jetzt wieder zurückkehre.«

Nach diesen Worten verschwand sie in der Wand und wurde seitdem nicht wieder auf den Rosenberg'schen Schlössern gesehen, soweit man es weiß.

Peter Wock, als er herangewachsen war und solches von seiner Amme erfuhr, sann lange darüber nach, warum die weiße Frau aus jener Wand zu ihm zu kommen pflegte. Endlich ließ er nachgraben – und fand einen unermesslichen Schatz daselbst.

Es ist aber keine Frage, dass die weiße Frau, nachdem sie auf solche Weise – durch eine schlechte Dirne – von ihrem letzten Nachkommen vertrieben, sich zu den Hohenzollern zurückwandte.

Kurfürst Joachim II. wusste auf unbegreifliche Weise alle Sterbefälle in seiner Familie vorher, weil er damals schon die Erscheinung der weißen Frau zu deuten wusste.

Erst 1598, beim Tod des darauf folgenden Kurfürsten Johann Georg, fing man allgemein an, die weiße Frau als Todesbotin zu betrachten, was sie bis auf den heutigen Tag verblieben ist.

~~~

Hier, meine teure Caroline, hast du das Märchen in seiner Gänze. Es ist weder ein Mord- noch ein Rachegeist, der unsere Könige beunruhigt. Ein Himmelsbote kündet ihnen die Erlösung vom Leid der Erde an, und kein Hohenzollern darf vor ihr erschrecken, wie kein Hohenzollern auch noch je vor dem Tod gezittert hat.

Ebendaselbst, den 18. August.
~~~

Ich habe noch hinzuzufügen, dass ich bis spät in der Nacht an diesem Märchen geschrieben hatte. Es war schwül in meinem Zimmer und ich öffnete das Fenster. Der Himmel war so rein, die Nacht feierte ihren schweigenden Triumph und tausend Sternenaugen blickten friedlich nieder, da ging der Gedanke an Unsterblichkeit wieder in mir auf und meine Augen flossen über, weil ich ihn in meinem Herzen fassen konnte.

Vielleicht, dachte ich, ist dies der Augenblick, wo der Geist meines Königs sich der irdischen Hülle entwindet, und darum feiert die Natur seinen Aufschwung über unermessliche Fernen, in so stiller, stolzer Erhabenheit.

Als ich so dachte, durchzog ein Seufzer die Luft und erschütterte mich durch und durch bis ins Innerste.

Einige Sekunden blieb es still, dann hörte ich etwas an der Türe rauschen und zu Boden sinken. Ich öffnete die Tür und eine weiße weibliche Gestalt lag ohnmächtig da, ich schlug ihren Schleier zurück, es war Caroline.

Ohne zu forschen, was dieser Auftritt bedeuten sollte, hob ich sie empor, um sie nach ihrem Zimmer zu tragen. Ich musste an einer Wache vorüber und ein Soldat sprach zu dem anderen, laut genug, dass ich es hörte:

»Sieh, das ist dein Gespenst, da wird es hinweggetragen.«

Als Caroline wieder zur Besinnung gekommen war, gestand sie, meine Schrift vom ersten Abend gelesen zu haben, und habe deshalb meine Herzhaftigkeit auf die Probe zu stellen gewollt.

Sie habe noch spät Licht in meinem Zimmer bemerkt und daraus geschlossen, dass ich noch wach sein würde. Ein Badekleid und ein Schleier sollten ihr das Ansehen des Gespenstes geben – aber schon, als sie zufällig in einen Spiegel sehen musste, habe sie ein entsetzliches Grauen empfunden. Die Wache floh mit Entsetzen beim Anblick der weißen Frau. Als Caroline aber mein Zimmer erreicht hatte, sei ihr gleichfalls eine weiße Gestalt entgegengekommen, habe den Schleier gelüftet und mit Grabesblick sie angesehen. Was weiter geschehen war, wusste sie nicht mehr.

Wenige Stunden darauf wurde dem Kronprinzen der Tod seines Vaters angekündigt, die Zeit traf genau zu. Die weiße Frau also hatte mich beim Wort genommen – Caroline starb um fünf Uhr morgens.

O, dass ich meinem König und meiner Braut bald nachfolgte!

Tod und Wiedergeburt – Epilog

Letzte Worte – und eine Wiederkehr

Alexander Cosmar beschließt diese Geschichte mit seinen eigenen Worten:

Von der Erscheinung der weißen Frau und auch von einer solchen Verkleidung einer zärtlichen jungen Dame waren viele Gerüchte damals in Umlauf. Ob mein Oheim seit der Zeit an Geister glaubte, wage ich nicht zu behaupten. Nur als Ergänzung setze ich eine seiner früheren Äußerungen, welche denselben Gegenstand betrifft, hierher.

Als nämlich im Jahre 1783 die Abhandlung über die weiße Frau vom Professor Eberhard in der Berliner Monatsschrift erschien, war niemand ungehaltener darüber als mein Oheim.

Eben die Leute, sagte er, die am heftigsten wider den Aberglauben eifern, sollten dem Himmel für die Erschaffung des Aberglaubens dankbar sein, denn wogegen können sie anders mit ihrem halben Lot Gehirn schreiben?

Ob man denn an Geister glauben solle, wandte jemand ein. Er rede nur vom eifrigen Dawiderschreiben, fuhr mein Oheim fort. Mit demselben Recht, mit dem man die weiße Frau für eine Einbildung abergläubischer alter Weiber erklärt, könnte man den Bacchus oder Apollo für Erfindungen abergläubischer Bildhauer oder Thor und Freia für Schwärmerei abergläubischer Barden halten – wobei man mehr verliert, als gewinnt.

Wir haben die sinnlichen Kräfte der Seele, als Phantasie und Einbildungskraft, ebensowenig wie die Ideale, umsonst. Und wenn derjenige abergläubisch zu nennen ist, der der Phantasie ohne Urteil traut, so ist es der nicht minder, der nur dem Urteil, getrennt von allen anderen Seelenkräften, sich überlässt. Ebensowenig wie man einen ritterlichen Wappenrock tadeln kann, weil er nicht nach dem Schnitt eines modernen Frackes gemacht, ebensowenig und viel weniger noch soll man den Glauben älterer Zeiten und Völker nach neueren Begriffen zuschneiden.

Freilich, wenn man das Panier der Abgeschmacktheit aufpflanzt, wird immer die Menge darauf schwören, denn hier fühlt und begreift sie am besten. Aber hier ist der

Unterschied an seinem Platze, zwischen dem Allgemeinen und dem Gemeinen für alle. Lohnt es sich wohl der Mühe, einen ganzen Bogen mit dem Beweis anzufüllen, dass die weiße Frau weiter nichts als eine fürstliche Witwe war?

Der Herr Professor Eberhard hätte sich die ganze Mühe ersparen können, denn im Plattdeutschen benutzt man noch an einigen Orten anstelle des Wortes «Witwe» (Witt-Wyf) jenes der «Wittfrau» – und hier hätte man die weiße Frau sogleich. Weiß war übrigens die allgemeine Trauerfarbe der Witwen, nicht bloß der fürstlichen.

Man konnte also bei jedem bevorstehenden männlichen Sterbefall sagen: «Aha, nun wird sich bald eine weiße Frau zeigen». Aus diesem Sprichwort, behauptet der Professor Eberhard, sei die Sage von der weißen Frau entstanden, hat aber in aller Eile dreierlei vergessen.

Erstens, dass jene gespenstische Witwe als ein gut aristokratisch gesinnter und loyaler Geist nur fürstlichen Personen erschien;

zweitens, sowohl Männern als auch Frauen;

und drittens, nicht nach, sondern vor ihrem Tod.

Wenn *das* historische Kritik heißt, wenn so der Volksglaube beurteilt werden muss, wenn Etymologie der Schlüssel der Mythen sein soll, so hat man in jenen Zeiten sinnreicher geträumt, als die Aufklärung urteilt, wenigstens ich kenne kein Märchen, was so wenig Zutreffendes hat wie diese Erklärung desselben.

Die Ethnografin Gisela Griepentrog berichtet in ihrem Sagen-Band aus dem Jahre 2010, die weiße Frau sei im Jahre 1888 vor dem Tod von Friedrichs III. erschienen.

Der Autor Eberhard Cyran vermerkt in seiner Autobiografie aus dem Jahre 1962, dass, als anstelle der Hohenzollern die Nationalsozialisten Hausherren im Berliner Schloss waren, die weiße Frau in der Nacht zum 26. Mai 1940 noch einmal erschienen sein soll.

Literatur- und Quellenverzeichnis

Akin, Fatih; Corazon International: Soul Kitchen. Hamburg 2009

Angelus, Andreas: Annales Marchiae Brandenburgicae. Franckfurt an der Oder 1598

Bechstein, Ludwig: Deutsches Sagenbuch. Leipzig 1853

Bechstein, Ludwig: Deutsches Sagenbuch. Meersburg und Leipzig 1930

Beckmann Bernhard u. Johann: Historische Beschreibung der Chur und Mark Brandenburg nach ihrem Ursprung, Einwohnern, natürlichen Beschaffenheit, Gewässer, Landschaften, Stätten, geistlichen Stiftern. Berlin 1751

Cosmar, Alexander.: Sagen und Miscellen aus Berlins Vorzeit. Berlin 1831

Cosmar, Alexander (Hrsg.): Sagen und Miscellen aus Berlins Vorzeit. Bd.2. Nach Chroniken und Traditionen. Berlin 1833

Fontane, Theodor: Wanderungen durch die Mark Brandenburg, Erster Teil. Berlin 1862

Goethe, Johann Wolfgang von: Sämtliche Werke. Briefe, Tagebücher und Gespräche. Frankfurter Ausgabe in 40 Bänden, einschließlich der amtlichen Schriften und der Zeichnungen, mit Kommentar und Registern. Frankfurt am Main 1985 ff.

Grabbe, Christian Dietrich: Werke und Briefe. Band 2. Emsdetten 1960-1970

Grässe, Johann Georg Theodor: Sagenbuch des Preußischen Staates 1–2. Glogau 1866-71

Grimm, Jacob und Wilhelm: Deutsche Sagen – Vollständige Ausgabe mit den Illustrationen von Otto Ubbelohde. Köln 2014

Grimm, Jacob und Wilhelm: Deutsches Wörterbuch von Jacob Grimm und Wilhelm Grimm. Leipzig 1854 ff.

Hauff, Wilhelm: Sämtliche Werke in drei Bänden. Band 2. München 1970

Heine, Heinrich: Werke und Briefe in zehn Bänden. Band 5. Berlin und Weimar 1972

Jung, Wilhelm: Berliner Sagen, gezeichnet von Arno Krause. Berlin 1949

Lothar, N.: Volkssagen und Märchen der Deutschen und Ausländer. Leipzig 1820

Lutherbibel, Stuttgart 2017

Moehsen, Johann Carl Wilhelm: Geschichte der Wissenschaft in der Mark Brandenburg. Berlin und Leipzig 1781

Mörike, Eduard: Werke und Briefe. Historisch-kritische Gesamtausgabe in 28 Bänden. Stuttgart 1967 ff.

Oldenbach, Alfred: Auswahl der schönsten Preußischen Volkssagen. Berlin 1840

Reinhard, Karl v.: Sagen und Märchen aus Potsdams Vorzeit. Leipzig, 1989

Risch, Paul: Jan Kuk und andere märkische Sagen. Reutlingen 1921

Risch, Paul: Die Hohenzollern. Gotha 1913

Schwartz, Wilhelm: Sagen und alte Geschichten der Mark Brandenburg. Für Jung und Alt. Berlin 1871

Uhland, Ludwig: Uhlands Schriften zur Geschichte der Dichtung und Sage. Sechster Band. Stuttgart 1868

Uhland, Ludwig: Sagenforschungen. Stuttgart und Augsburg 1836

Ziehnert, Widar: Preußische Volkssagen. Leipzig 1839

Zoroaster (Seyle, Georg Daniel): Der Preußische Wahrsager, Das ist Bruder Hermanns on Lehnin Wundersame Prophezeyhungen Von denen Regenten Des Churfürstlichen Hauses Brandenburg und Königreichs Preussen, Und deren Besteigung des Kayserlichen Thrones: Nebst verschiedenen Die Europäischen Staaten Sonderlich aber Polen, Oesterreich, Schweden und Preußen betreffenden Theils raren, theils merckwürdigen Prognosticis. Aus geheimen Nachrichten und Urkunden sorgfältig zusammen getragen, und der curieusen Welt zu fernerer Beurtheilung getreulich mitgetheilt Von Zoroaster. O.O. 1741

Zuckmayer, Carl: Der Hauptmann von Köpenick. Ein deutsches Märchen in drei Akten. Berlin 1931

Ebenfalls im Regionalia Verlag erschienen:

ISBN 978-3-95540-384-3

ISBN 978-3-95540-372-0

ISBN 978-3-95540-360-7

ISBN 978-3-95540-381-2

Jeweils 160 Seiten • 16,5 × 19,8 cm • Hardcover